≪改訂2版≫

ベトナム国家最高指導者

2021〜2026

Thao Nguyen（タオ・グエン）訳・監修

発行　ビスタ　ピー・エス

行　政　区 （58 省及び 5 中央直轄市）（地域区分は統計総局の分類による）

紅河デルター Red River Delta

Hà Nội	ハノイ	中央直轄市
Hải Phòng	ハイフォン	中央直轄市
Vĩnh Phúc	ヴィンフック	
Bắc Ninh	バクニン	
Hải Dương	ハイズオン	
Hưng Yên	フンイエン	
Hà Nam	ハーナム	
Nam Định	ナムディン	
Thái Bình	タイビン	
Ninh Bình	ニンビン	
Quảng Ninh	クアンニン	

北部山岳丘陵地域 – Northern midlands and mountain areas

Hà Giang	ハーザン	
Cao Bằng	カオバン	
Lào Cai	ラオカイ	
Bắc Kạn	バクカン	
Lạng Sơn	ランソン	
Tuyên Quang	トゥエンクアン	
Yên Bái	イエンバイ	
Thái Nguyên	タイグエン	
Phú Thọ	フートー	
Bắc Giang	バクザン	
Điện Biên	ディエンビエン	
Lai Châu	ライチャウ	
Sơn La	ソンラ	
Hoà Bình	ホアビン	

北中部及び中部沿岸地域 – North Central and Central coastal areas

Đà Nẵng	ダナン	中央直轄市
Thanh Hóa	タインホア	
Nghệ An	ゲーアン	
Hà Tĩnh	ハーティン	
Quảng Bình	クアンビン	
Quảng Trị	クアンチー	
Thừa Thiên Huế	トゥアティエンフエ	

Bình Thuận	ビントゥアン	
Quảng Nam	クアンナム	
Quảng Ngãi	クアンガイ	
Bình Định	ビンディン	
Phú Yên	フーイエン	
Khánh Hoà	カインホア	
Ninh Thuận	ニントゥアン	

中部高原 – Central Highlands

Kon Tum	コントゥム	
Gia Lai	ザーライ	
Đắk Lắk	ダクラク	
Đắk Nông	ダクノン	
Lâm Đồng	ラムドン	

東南部 – South East

Hồ Chí Minh	ホーチミン	中央直轄市
Bình Phước	ビンフォック	
Tây Ninh	タイニン	
Bình Dương	ビンズオン	
Đồng Nai	ドンナイ	
Bà Rịa Vũng Tàu	バーリア・ヴンタウ	

メコンデルター – Mekong River Delta

Long An	ロンアン	
Tiền Giang	ティエンザン	
Bến Tre	ベンチェー	
Trà Vinh	チャーヴィン	
Đồng Tháp	ドンタップ	
An Giang	アンザン	
Vĩnh Long	ヴィンロン	
Kiên Giang	キエンザン	
Cần Thơ	カントー	中央直轄市
Hậu Giang	ハウザン	
Sóc Trăng	ソクチャン	
Bạc Liêu	バクリエウ	
Cà Mau	カーマウ	

目　　次

目次 ··· 3

第 13 期（2021〜2026 年）ベトナム共産党中央委員会

　書記長 ··· 5

　政治局（15 名）··· 6

　書記局（11 名）··· 14

　中央執行委員（200 名）

　　A. 中央執行委員（180 名）································· 20

　　B. 中央執行委員候補（20 名）···························· 108

第 15 期国家主席

　国家主席、国家副主席·· 117

　国家主席事務局局長··· 118

第 15 期国会（2021〜2026 年）

　国会議長 ·· 119

　国会副議長 ·· 120

　国会事務局局長·· 121

　国会対外委員会委員長·· 122

　国会経済委員会委員長·· 122

　国会科学技術環境委員長··· 123

　国会文化教育委員会委員長··· 123

　国会社会問題委員会委員長··· 124

　国会司法委員会委員長·· 124

　国会法律委員会委員長·· 125

　国会財政・予算委員会委員長······································ 125

　国会国防安全保障委員長··· 126

　国会常務委員会代表者作業委員会委員長························ 126

国会民願局局長 ··· 127

国家会計監査院院長 ··· 127

国会民族委員長 ··· 128

第15期ベトナム政府首相・大臣

首相 ··· 129

副首相 ··· 130

閣僚 ··· 132

国家銀行総裁 ··· 141

政府事務局局長 ··· 141

政府監査委員会委員長 ······································· 142

民族委員会委員長 ··· 142

索引 ··· 143

  辞任・除名・解任・免職・死亡者リスト ····················· 145

  新任者リスト ··· 146

  女性 ··· 148

  出身地別 ··· 149

  氏名（アイウエオ順） ····································· 155

第13期(2021〜2026年) ベトナム共産党中央委員会

1.1 書記長

名前（カタカナ）	トー ラム		
名前（越・英）	TÔ LÂM （TO LAM）		
生年月日	1957 年 07 月 10 日生	民族	キン族
役職名	ベトナム共産党中央委員会書記長（新任）		
出身地	フンイエン省		
年	経歴		
1981 年 8 月	共産党入党		
1979 年〜1988 年	公安省政治保安局幹部		
1988 年〜2006 年	公安省安全保障総局第 1 政治保護局		
2006 年〜2009 年	少将、公安省安全保障総局副局長		
2009 年 12 月	公安省所属第 1 安全保障総局副局		
2010 年 2 月〜7 月	公安省所属第 1 安全保障総局局長		
2010 年〜2016 年 3 月	人民公安中将、第 XI 回党中央執行委員会委員、公安省副大臣		
2019 年	人民公安大将		
2016 年 4 月〜2024 年 5 月	公安省大臣		
2024 年 5 月〜10 月	ベトナム社会主義共和国主席		
2024 年〜現在	ベトナム共産党中央委員会書記長		
現在	政治局員、ベトナム共産党中央委員会書記長		

1.2 政治局 (15名)

1.2.1

名前（カタカナ）	トー ラム		
名前（越・英）	TÔ LÂM （TO LAM）		
生年月日	1957 年 07 月 10 日生	民族	キン族
役職名	ベトナム共産党中央委員会書記長（新任）		
出身地	フンイエン省		
年	経歴		
1981 年 8 月	共産党入党		
1979 年～1988 年	公安省政治保安局幹部		
1988 年～2006 年	公安省安全保障総局第 1 政治保護局		
2006 年～2009 年	少将、公安省安全保障総局副局長		
2009 年 12 月	公安省所属第 1 安全保障総局副局		
2010 年 2 月～7 月	公安省所属第 1 安全保障総局局長		
2010 年～2016 年 3 月	人民公安中将、第 XI 回党中央執行委員会委員、公安省副大臣		
2019 年	人民公安大将		
2016 年 4 月～2024 年 5 月	公安省大臣		
2024 年 5 月～10 月	ベトナム社会主義共和国主席		
2024 年～現在	ベトナム共産党中央委員会書記長		

1.2.2

名前（カタカナ）	ルオン クオン		
名前（越・英）	LƯƠNG CƯỜNG （LUONG CUONG）		
生年月日	1957 年 08 月 15 日生	民族	キン族
役職名	政治局員、ベトナム社会主義共和国主席（新任）		
出身地	フートー省		
年	経歴		
2002 年～2008 年	少将、第 2 軍団政治委員		
2008 年～2011 年	第 3 軍管区政治委員		
2009 年	中将		
2011 年～2016 年	ベトナム人民軍政治総局副局長		
2014 年	上将		
2016 年 1 月	第 XII 回党大会党中央執行委員会委員		
2016 年～現在	ベトナム人民軍政治総局局長		
2019 年	大将		
2021 年 1 月～現在	政治局員		
2024 年 10 月	ベトナム社会主義共和国主席		
現在	政治局員、ベトナム社会主義共和国主席		

1.2.3

名前（カタカナ）	ファム　ミン　チン		
名前（越・英）	PHẠM MINH CHÍNH（PHAM MINH CHINH）		
生年月日	1958 年 12 月 10 日生	民族	キン族
役職名	政治局員、ベトナム社会主義共和国首相		
出身地	タインホア省		
年	経歴		
1986 年 12 月	共産党入党		
1984 年	大卒、就職		
1989 年	公安省に勤務		
1996 年	公安大学で業務トレーディング		
2006 年	情報総局副局長		
2010 年	公安省物流・技術総局局長		
2010 年 8 月	公安省副大臣		
2011 年 1 月	第 XI 回党大会党中央執行委員会委員		
2011 年 8 月	クアンニン省党委書記		
2015 年	中央組織委員会副委員長		
2016 年	政治局員、第 XII 回党大会党中央執行委員会委員、中央組織委員会委員長		
2021 年 1 月	政治局員		
2021 年～現在	ベトナム社会主義共和国首相		
現在	政治局員、ベトナム社会主義共和国首相		

1.2.4

名前（カタカナ）	チャン　タイン　マン		
名前（越・英）	TRẦN THANH MẪN（TRAN THANH MAN）		
生年月日	1962 年 08 月 12 日生	民族	キン族
役職名	政治局員、ベトナム社会主義共和国国会議長（新任）		
出身地	ハウザン省		
年	経歴		
1982 年 8 月	共産党入党		
1992 年～1994 年	カントー省ホーチミン共産青年団書記		
1994 年～1999 年	カントー省人民委員会事務局書記		
1999 年～2003 年	カントー市人民委員会委員		
2004 年～2008 年	カントー市ビントゥイ区党委書記		
2008 年～2010 年	同市党委副書記　兼　人民委員会委員長		
2011 年 1 月	第 XI 回党大会党中央執行委員会委員		
2011 年～2015 年	同市党委書記		
2016 年 1 月	第 XII 回党大会党中央執行委員会委員		
2016 年～2017 年 6 月	ベトナム祖国戦線中央委員会副委員長		
2017 年 7 月～2021 年	ベトナム祖国戦線中央委員会委員長		
2021 年 2 月	政治局員		
2021 年～2024 年 5 月	ベトナム社会主義共和国国会常任副議長		
2024 年 5 月	ベトナム社会主義共和国国会議長		
現在	政政治局員、ベトナム社会主義共和国国会議長		

1.2.5

名前（カタカナ）	チャン　カム　トゥ			
名前（越・英）	TRẦN CẨM TÚ （TRAN CAM TU）			
生年月日	1961　年　08　月　25　日生		民族	キン族
役職名	政治局員、書記局常任委員、中央監査委員会委員長			
出身地	ハーティン省			
年	経歴			
1990 年 3 月	共産党入党			
2004 年〜2007 年	ハーティン省フオンソン県人民委員会委員長			
2007 年〜2009 年	中央党委員会候補委員、ハーティン省監査委員会委員長			
2009 年〜2011 年	党中央監査委員会委員			
2011 年〜2015 年	タイビン省党委書記			
2016 年〜2018 年	第 XII 回党大会党中央執行委員会委員、党中央監査委員会副委員長			
2018 年〜現在	中央監査委員会委員長			
2024 年 10 月	書記局常任委員			
現在	政治局員、書記局常任委員、中央監査委員会委員長			

1.2.6

名前（カタカナ）	ファン　ディン　チャック			
名前（越・英）	PHAN ĐÌNH TRẠC （PHAN DINH TRAC）			
生年月日	1958　年　08　月　25　日生		民族	キン族
役職名	政治局員、書記局員、中央内政委員会委員長			
出身地	ゲーアン省			
年	経歴			
1980 年 8 月	共産党入党			
1980 年〜1981 年	内務省（現在公安省）幹部			
1981 年〜1992 年	ゲーアン省ヴィン市公安			
1997 年〜2001 年	ゲーアン省公安局副局長			
2001 年〜2005 年	ゲーアン省公安局局長			
2005 年〜2010 年	同省人民委員会委員長兼同省党委副書記			
2010 年〜2013 年	同省党委書記			
2013 年〜2016 年	中央内政委員会副委員長			
2016 年 2 月	第 XII 回党大会党中央執行委員会委員、中央内政委員会委員長			
2017 年 10 月	書記局員			
2021 年 1 月	政治局員			
現在	政治局員、中央内政委員会委員長			

1.2.7

名前（カタカナ）	レ　ミン　フン		
名前（越・英）	LÊ MINH HƯNG （LE MINH HUNG）		
生年月日	1970　年　12　月　11　日生	民族	キン族
役職名	政治局員、書記局員、中央組織委員会委員長（新任）		
出身地	ハーティン省		
年	経歴		
2000 年 8 月	共産党入党		
1993 年～1998 年	ベトナム国家銀行専門家		
1998 年～2002 年	アジア開発銀行部長		
2002 年～2011 年	ベトナム国家銀行国際協力部長		
2011 年～2014 年	ベトナム国家銀行副総裁		
2014 年～2016 年	党中央事務局副局長		
2016 年 1 月	第 XII 回党大会党中央執行委員会委員		
2016 年～2020 年	ベトナム国家銀行総裁		
2021 年 1 月	書記局員		
2020 年～現在	中央党事務局局長		
2024 年 5 月	政治局員、中央組織委員会委員長		
現在	政治局員、書記局員、中央組織委員会委員長		

1.2.8

名前（カタカナ）	グエン　チョン　ギア		
名前（越・英）	NGUYỄN TRỌNG NGHĨA （NGUYEN TRONG NGHIA）		
生年月日	1962　年　03　月　06　日生	民族	キン族
役職名	政治局員、書記局員、中央宣伝教育委員会委員長		
出身地	ティエンザン省		
年	経歴		
1982 年 8 月	共産党入党		
2009 年～2010 年	第 7 軍管区政治副主任		
2010 年～2012 年	少将、第 4 軍団党委員会書記		
2012 年～2021 年	国防省政治総局副局長		
2013 年	中将		
2016 年 1 月	第 XII 回党大会党中央執行委員会委員		
2017 年	上将		
2021 年 1 月	書記局員		
2021 年～現在	中央宣伝教育委員会委員長		
2024 年 5 月	政治局員		
現在	政治局員、書記局員、中央宣伝教育委員会委員長		

1.2.9

名前（カタカナ）	ブイ　ティ　ミン　ホアイ			
名前（越・英）	BÙI THỊ MINH HOÀI　（BUI THI MINH HOAI）			
生年月日	1965　年　1　月　12　日生	民族	キン族　　（女性）	
役職名	政治局員、ハノイ市党委員会書記（新任）			
出身地	ハーナム省			
年	経歴			
1991 年 1 月	共産党入党			
2008 年～2009 年	ハーナム省フーリー市党委書記			
2009 年～2011 年	ベトナム農民協会中央執行委員会常任副会長			
2011 年～2021 年	党中央監査委員会副委員長			
2011 年 3 月	第 XI 回党大会党中央執行委員会委員			
2016 年 1 月	第 XII 回党大会党中央執行委員会委員			
2021 年 2 月	書記局員			
2021 年～2024 年 7 月	中央大衆工作委員会委員長			
2024 年 5 月	政治局員			
2024 年 7 月	ハノイ市党委員会書記			
現在	政治局員、ハノイ市党委員会書記			

1.2.10

名前（カタカナ）	ドー　ヴァン　チエン		
名前（越・英）	ĐỖ VĂN CHIẾN　（DO VAN CHIEN）		
生年月日	1962　年　11　月　10　日生	民族	サンジウ族
役職名	政治局員、書記局員、ベトナム祖国戦線中央委員会委員長		
出身地	トゥエンクアン省		
年	経歴		
1986 年 9 月	共産党入党		
1993 年～1994 年	トゥエンクアン省ソンズオン県人民委員会副委員長		
1995 年～1998 年	トゥエンクアン省党委員会		
1998 年～2001 年	トゥエンクアン省イエンソン県党委書記		
2001 年～2009 年	トゥエンクアン省人民委員会副委員長		
2009 年～2011 年	トゥエンクアン省党委副書記　兼　同省人民委員会委員長		
2011 年 2 月	第 XI 回党大会党中央執行委員会委員		
2011 年～2015 年	イエンバイ省党委書記		
2016 年 1 月	第 XII 回党大会党中央執行委員会委員		
2016 年 4 月～2021 年	民族評議会委員長・大臣		
2021 年 1 月	書記局員		
2024 年 5 月	政治局員		
2021 年～現在	ベトナム祖国戦線中央委員会委員長		
現在	政治局員、書記局員、ベトナム祖国戦線中央委員会委員長		

1.2.11

名前（カタカナ）	ファン　ヴァン　ザン			
名前（越・英）	**PHAN VĂN GIANG （PHAN VAN GIANG）**			
生年月日	1960　年　10　月　14　日生		民族	キン族
役職名	政治局員、大将、国防省大臣			
出身地	ナムディン省			
年	経歴			
2010 年	少将、第 1 軍団司令官			
2011 年〜2014 年	中将、ベトナム人民軍総参謀副長			
2014 年〜2016 年	中将、第 1 軍管区司令官			
2016 年 4 月	第 XII 回党大会党中央執行委員会委員			
2016 年〜2021 年	国防省副大臣　兼　ベトナム人民軍総参謀長			
2021 年 1 月	政治局員			
2021 年〜現在	国防省大臣			
現在	政治局員、大将、国防省大臣			

1.2.12

名前（カタカナ）	グエン　ホア　ビン			
名前（越・英）	**NGUYỄN HÒA BÌNH （NGUYEN HOA BINH）**			
生年月日	1958　年　05　月　24　日生		民族	キン族
役職名	政治局員、書記局員、ベトナム社会主義共和国常任副首相（新任）			
出身地	クアンガイ省			
年	経歴			
1981 年 10 月	共産党入党			
1992 年〜1999 年	公安省経済警察局			
1997 年〜2006 年	公安省警察総局			
2006 年〜2008 年	少将、警察総局副局長			
2008 年〜2010 年	クアンガイ省党委副書記			
2010 年〜2011 年	同省党委書記			
2011 年 1 月	第 XI 回党大会党中央執行委員会委員			
2011 年〜2016 年	最高人民検察院検事総長			
2016 年 1 月	第 XII 回党大会党中央執行委員会委員			
2016 年〜2024 年 8 月	最高人民裁判所長官			
2021 年 1 月	政治局員			
2024 年 8 月	ベトナム社会主義共和国副主席			
現在	政治局員、書記局員、ベトナム社会主義共和国常任副主席			

1.2.13

名前（カタカナ）	グエン　スアン　タン		
名前（越・英）	NGUYỄN XUÂN THẮNG　（NGUYEN XUAN THANG）		
生年月日	1957 年 02 月 18 日生	民族	キン族
役職名	政治局員、中央理論評議会会長、ホーチミン国家政治学院院長		
出身地	ゲーアン省		
年	経歴		
1983 年 7 月	共産党入党		
1983 年〜1988 年	世界経済研究所幹部		
2003 年〜2008 年	世界政治経済研究所所長		
2003 年〜2011 年	ベトナム社会科学院副院長		
2011 年〜2016 年	ベトナム社会科学院院長		
2016 年 1 月	第 XII 回党大会党中央執行委員会委員		
2016 年〜現在	ホーチミン国家政治学院院長		
2018 年〜現在	中央理論評議会会長		
2021 年 1 月	政治局員		
現在	政治局員、中央理論評議会会長、ホーチミン国家政治学院院長		

1.2.14

名前（カタカナ）	グエン　ヴァン　ネン		
名前（越・英）	NGUYỄN VĂN NÊN　（NGUYEN VAN NEN）		
生年月日	1957 年 07 月 14 日生	民族	キン族
役職名	政治局員、ホーチミン市党委書記		
出身地	タイニン省		
年	経歴		
1978 年 12 月	共産党入党		
1989 年〜1991 年	タイニン省ゴザウ県公安局長		
1992 年〜1996 年	タイニン省ゴザウ県党委常任副書記		
1996 年〜1999 年	タイニン省ゴザウ県党委書記		
1999 年〜2006 年	同省組織委員会委員長		
2006 年〜2010 年	同省人民委員会委員長　兼　同省党委副書記		
2010 年〜2011 年	同省党委書記		
2011 年 1 月	第 XI 回党大会党中央執行委員会委員		
2011 年〜2013 年	中部高原地帯タイグエン地方指導委員会副常任委員長		
2013 年 3 月	党中央宣伝教育委員会副委員長		
2013 年	大臣、政府事務局の主任		
2016 年 1 月	第 XII 回党大会党中央執行委員会委員、党中央委事務局局長		
2020 年〜現在	ホーチミン市党委書記		
2021 年 1 月	政治局員		
現在	政治局員、ホーチミン市党委書記		

1.2.15

名前（カタカナ）	ルオン　タム　クアン			
名前（越・英）	LƯƠNG TAM QUANG（LUONG TAM QUANG）			
生年月日	1965 年　10 月　17 日生		民族	キン族
役職名	政治局員、大将、公安省大臣（新任）			
出身地	フンイエン省			
年	経歴			
1988 年 11 月	共産党入党			
2012 年以前	公安省副大臣補佐			
2012 年～2017 年	公安省副事務局長			
2015 年	少将			
2017 年～2019 年	公安省事務局長			
2019 年～2024 年 6 月	中将、公安省副大臣			
2021 年 1 月	党中央執行委員会委員			
2022 年 1 月	上将			
2024 年 6 月	公安省大臣			
2024 年 8 月	政治局員			
2024 年 10 月	大将			
現在	政治局員、大将、公安省大臣			

1.3 書記局（11名）

1.3.1

名前（カタカナ）	トー　ラム		
名前（越・英）	TÔ LÂM（TO LAM）		
生年月日	1957 年 07 月 10 日生	民族	キン族
役職名	ベトナム共産党中央委員会書記長（新任）		
出身地	フンイエン省		
年	経歴		
1981 年 8 月	共産党入党		
1979 年〜1988 年	公安省政治保安局幹部		
1988 年〜2006 年	公安省安全保障総局第 1 政治保護局		
2006 年〜2009 年	少将、公安省安全保障総局副局長		
2009 年 12 月	公安省所属第 1 安全保障総局副局		
2010 年 2 月〜7 月	公安省所属第 1 安全保障総局局長		
2010 年〜2016 年 3 月	人民公安中将、第 XI 回党中央執行委員会委員、公安省副大臣		
2019 年	人民公安大将		
2016 年 4 月〜2024 年 5 月	公安省大臣		
2024 年 5 月〜10 月	ベトナム社会主義共和国主席		
2024 年〜現在	ベトナム共産党中央委員会書記長		

1.3.2

名前（カタカナ）	チャン　カム　トゥ		
名前（越・英）	TRẦN CẨM TÚ（TRAN CAM TU）		
生年月日	1961 年 08 月 25 日生	民族	キン族
役職名	政治局員、書記局常任委員、中央監査委員会委員長		
出身地	ハーティン省		
年	経歴		
1990 年 3 月	共産党入党		
2004 年〜2007 年	ハーティン省フオンソン県人民委員会委員長		
2007 年〜2009 年	中央党委員会候補委員、ハーティン省監査委員会委員長		
2009 年〜2011 年	党中央監査委員会委員		
2011 年〜2015 年	タイビン省党委書記		
2016 年〜2018 年	第 XII 回党大会党中央執行委員会委員、党中央監査委員会副委員長		
2018 年〜現在	中央監査委員会委員長		
2024 年 10 月	書記局常任委員		
現在	政治局員、書記局常任委員、中央監査委員会委員長		

1.3.3

名前（カタカナ）	ファン ディン チャック		
名前（越・英）	PHAN ĐÌNH TRẠC（PHAN DINH TRAC）		
生年月日	1958 年 08 月 25 日生	民族	キン族
役職名	政治局員、書記局員、中央内政委員会委員長		
出身地	ゲーアン省		
年	経歴		
1980 年 8 月	共産党入党		
1980 年～1981 年	内務省（現在公安省）幹部		
1981 年～1992 年	ゲーアン省ヴィン市公安		
1997 年～2001 年	ゲーアン省公安局副局長		
2001 年～2005 年	ゲーアン省公安局局長		
2005 年～2010 年	同省人民委員会委員長兼同省党委副書記		
2010 年～2013 年	同省党委書記		
2013 年～2016 年	中央内政委員会副委員長		
2016 年 2 月	第 XII 回党大会党中央執行委員会委員、中央内政委員会委員長		
2017 年 10 月	書記局員		
2021 年 1 月	政治局員		
現在	政治局員、中央内政委員会委員長		

1.3.4

名前（カタカナ）	レ ミン フン		
名前（越・英）	LÊ MINH HƯNG（LE MINH HUNG）		
生年月日	1970 年 12 月 11 日生	民族	キン族
役職名	政治局員、書記局員、中央組織委員会委員長（新任）		
出身地	ハーティン省		
年	経歴		
2000 年 8 月	共産党入党		
1993 年～1998 年	ベトナム国家銀行専門家		
1998 年～2002 年	アジア開発銀行部長		
2002 年～2011 年	ベトナム国家銀行国際協力部長		
2011 年～2014 年	ベトナム国家銀行副総裁		
2014 年～2016 年	党中央事務局副局長		
2016 年 1 月	第 XII 回党大会党中央執行委員会委員		
2016 年～2020 年	ベトナム国家銀行総裁		
2021 年 1 月	書記局員		
2020 年～現在	中央党事務局局長		
2024 年 5 月	政治局員、中央組織委員会委員長		
現在	政治局員、書記局員、中央組織委員会委員長		

16　改訂2版　ベトナム国家最高指導者　2021〜2026

1.3.5

名前（カタカナ）	グエン　ホア　ビン		
名前（越・英）	NGUYỄN HÒA BÌNH （NGUYEN HOA BINH）		
生年月日	1958 年 05 月 24 日生	民族	キン族
役職名	政治局員、書記局員、ベトナム社会主義共和国常任副首相（新任）		
出身地	クアンガイ省		
年	経歴		
1981 年 10 月	共産党入党		
1992 年〜1999 年	公安省経済警察局		
1997 年〜2006 年	公安省警察総局		
2006 年〜2008 年	少将、警察総局副局長		
2008 年〜2010 年	クアンガイ省党委副書記		
2010 年〜2011 年	同省党委書記		
2011 年 1 月	第 XI 回党大会党中央執行委員会委員		
2011 年〜2016 年	最高人民検察院検事総長		
2016 年 1 月	第 XII 回党大会党中央執行委員会委員		
2016 年〜2024 年 8 月	最高人民裁判所長官		
2021 年 1 月	政治局員		
2024 年 8 月	ベトナム社会主義共和国副主席		
現在	政治局員、書記局員、ベトナム社会主義共和国常任副主席		

1.3.6

名前（カタカナ）	グエン　チョン　ギア		
名前（越・英）	NGUYỄN TRỌNG NGHĨA （NGUYEN TRONG NGHIA）		
生年月日	1962 年 03 月 06 日生	民族	キン族
役職名	政治局員、書記局員、中央宣伝教育委員会委員長		
出身地	ティエンザン省		
年	経歴		
1982 年 8 月	共産党入党		
2009 年〜2010 年	第 7 軍管区政治副主任		
2010 年〜2012 年	少将、第 4 軍団党委員会書記		
2012 年〜2021 年	国防省政治総局副局長		
2013 年	中将		
2016 年 1 月	第 XII 回党大会党中央執行委員会委員		
2017 年	上将		
2021 年 1 月	書記局員		
2021 年〜現在	中央宣伝教育委員会委員長		
2024 年 5 月	政治局員		
現在	政治局員、書記局員、中央宣伝教育委員会委員長		

1.3.7

名前（カタカナ）	ドー　ヴァン　チエン			
名前（越・英）	ĐỖ VĂN CHIẾN（DO VAN CHIEN）			
生年月日	1962　年　11　月　10　日生	民族		サンジウ族
役職名	政治局員、書記局員、ベトナム祖国戦線中央委員会委員長			
出身地	トゥエンクアン省			
年	経歴			
1986 年 9 月	共産党入党			
1993 年〜1994 年	トゥエンクアン省ソンズオン県人民委員会副委員長			
1995 年〜1998 年	トゥエンクアン省党委員会			
1998 年〜2001 年	トゥエンクアン省イエンソン県党委書記			
2001 年〜2009 年	トゥエンクアン省人民委員会副委員長			
2009 年〜2011 年	トゥエンクアン省党委副書記　兼　同省人民委員会委員長			
2011 年 2 月	第 XI 回党大会党中央執行委員会委員			
2011 年〜2015 年	イエンバイ省党委書記			
2016 年 1 月	第 XII 回党大会党中央執行委員会委員			
2016 年 4 月〜2021 年	民族評議会委員長・大臣			
2021 年 1 月	書記局員			
2024 年 5 月	政治局員			
2021 年〜現在	ベトナム祖国戦線中央委員会委員長			
現在	政治局員、書記局員、ベトナム祖国戦線中央委員会委員長			

1.3.8

名前（カタカナ）	レ　ホアイ　チュン			
名前（越・英）	LÊ HOÀI TRUNG（LE HOAI TRUNG）			
生年月日	1961　年　04　月　　日生	民族		キン族
役職名	書記局員、中央対外委員会会長			
出身地	トゥアティエンフエ省			
年	経歴			
1986 年 6 月	共産党入党			
1998 年〜2010 年	外務省国際組織局副局長、局長			
2010 年〜2021 年	外務省副大臣			
2016 年 1 月	第 XII 回党大会党中央執行委員会委員			
2021 年 1 月	党中央執行委員会委員			
2023 年 10 月	書記局員			
2021 年〜現在	中央対外委員会会長			
現在	書記局員、中央対外委員会会長			

1.3.9

名前（カタカナ）	グエン　ズイ　ゴック		
名前（越・英）	NGUYỄN DUY NGỌC（NGUYEN DUY NGOC）		
生年月日	1964 年生	民族	キン族
役職名	書記局員、党中央事務局局長（新任）		
出身地	フンイエン省		
年	経歴		
1986 年 11 月	共産党入党		
2013 年〜2014 年	大佐、ハノイ市公安局副局長		
2016 年〜2018 年	警察総局副局長		
2017 年	少将		
2019 年〜2024 年 6 月	公安省副大臣		
2021 年	中将		
2021 年 1 月	党中央執行委員会委員		
2023 年 12 月	上将		
2024 年 6 月	党中央事務局局長		
2024 年 8 月	書記局員		
現在	党中央執行委員会委員、書記局員、党中央事務局局長		

1.3.10

名前（カタカナ）	チン　ヴァン　クエット		
名前（越・英）	TRỊNH VĂN QUYẾT（TRINH VAN QUYET）		
生年月日	1966 年 01 月 22 日生	民族	キン族
役職名	書記局員、上将、ベトナム人民軍政治総局主任（新任）		
出身地	ハイズオン省		
年	経歴		
2016 年以前	第 2 軍管区副政治委員		
2016 年〜2021 年	第 2 軍管区政治委員　兼　党委書記		
2016 年	少将		
2020 年	中将		
2021 年 1 月	党中央執行委員会委員		
2021 年 4 月〜2024 年 5 月	ベトナム人民軍政治総局副主任		
2023 年 8 月	上将		
2024 年 6 月	ベトナム人民軍政治総局主任		
2024 年 8 月	書記局員		
現在	書記局員、上将、ベトナム人民軍政治総局主任		

1.3.11

名前（カタカナ）	レ　ミン　チ		
名前（越・英）	LÊ MINH TRÍ（LE MINH TRI）		
生年月日	1960 年 11 月 01 日生	民族	キン族
役職名	書記局員、最高人民裁判所長官（新任）		
出身地	ホーチミン市		
年	経歴		
1984 年 7 月	共産党入党		
2005 年〜2010 年	ホーチミン市 1 区党委副書記　兼　同区人民委員会会長		
2010 年〜2013 年	ホーチミン市人民委員会副会長		
2013 年〜2015 年	中央内政委員会副委員長		
2016 年 1 月	第 XII 回党大会党中央執行委員会委員		
2016 年 4 月〜2024 年 8 月	最高人民検察院検事総長		
2021 年 1 月	党中央執行委員会委員		
2024 年 8 月	書記局員		
2024 年 8 月	最高人民裁判所長官		
現在	書記局員、最高人民裁判所長官		

1.4 中央執行委員（200名）

A. 中央執行委員（180名）

1.4.1

名前（カタカナ）	ズオン　ヴァン　アン		
名前（越・英）	DƯƠNG VĂN AN（DUONG VAN AN）		
生年月日	1971 年 02 月 15 日生	民族	キン族
役職名	党中央委員、ヴィンフック省党委書記（新任）		
出身地	トゥアティエンフエ省		
年	経歴		
1997 年 1 月	共産党入党		
2007 年〜2009 年	フエ省ホーチミン共産青年同盟中央執行委員会委員		
2009 年〜2014 年	ホーチミン共産青年同盟中央委員会の書記		
2014 年〜2020 年	ビントゥアン省党委副書記		
2020 年〜2024 年 3 月	ビントゥアン省党委書記		
2021 年 1 月	党中央執行委員会委員		
2024 年 3 月	ヴィンフック省党委書記		
現在	党中央執行委員会委員、ヴィンフック省党委書記		

1.4.2

名前（カタカナ）	チュー　ゴック　アイン		
名前（越・英）	CHU NGỌC ANH（CHU NGOC ANH）		
生年月日	1965 年 06 月 17 日生	民族	キン族
役職名			
出身地	ハノイ市		
2021 年 1 月	党中央執行委員会委員		
現在	党を除名された		

1.4.3

名前（カタカナ）	グエン　ゾアン　アイン		
名前（越・英）	NGUYỄN DOÃN ANH（NGUYEN DOAN ANH）		
生年月日	1967　年　10　月　10　日生	民族	キン族
役職名	党中央委員、タインホア省党委書記		
出身地	ハノイ市		
年	経歴		
1987 年 4 月	共産党入党		
2011 年～2015 年	首都司令部副司令官		
2015 年～2018 年	首都司令部司令官		
2018 年～2022 年	第 4 軍管区司令官		
2021 年 1 月	党中央執行委員会委員		
2022 年 11 月	ベトナム人民軍副総参謀長		
2024 年 10 月	上将		
2024 年 10 月	タインホア省党委書記		
現在	党中央執行委員会委員、タインホア省党委書記		

1.4.4

名前（カタカナ）	グエン　ホアン　アイン		
名前（越・英）	NGUYỄN HOÀNG ANH（NGUYEN HOANG ANH）		
生年月日	1963　年　06　月　03　日生	民族	キン族
役職名	党中央委員、企業の国家資本管理委員会会長		
出身地	ハイフォン市		
年	経歴		
1994 年 5 月	共産党入党		
2002 年～2003 年	ハイフォンサービス輸出入貿易会社社長		
2003 年～2005 年	第 XI 期ハイフォン市国会代表		
2007 年～2010 年	第 XII 期国会議員、経済委員会副委員長		
2010 年～2015 年	カオバン省党委副書記兼同省人民委員会委員長		
2015 年～2018 年	カオバン省党委書記		
2016 年 1 月	第 XII 回党大会党中央執行委員会委員		
2018 年～現在	企業の国家資本管理委員会会長		
2021 年 1 月	党中央執行委員会委員		
現在	党中央執行委員会委員、企業の国家資本管理委員会会長		

1.4.5

名前（カタカナ）	グエン　トゥイ　アイン			
名前（越・英）	NGUYỄN THÚY ANH（NGUYEN THUY ANH）			
生年月日	1963 年 12 月 07 日生	民族	キン族　（女性）	
役職名	党中央委員、国会社会問題委員会委員長			
出身地	フートー省			
年	経歴			
1994 年 9 月	共産党入党			
2011 年～2016 年	国会社会問題委員会副委員長			
2016 年 1 月	第 XII 回党大会党中央執行委員会委員			
2016 年～現在	国会社会問題委員会委員長			
2021 年 1 月	党中央執行委員会委員			
現在	党中央執行委員会委員、　国会社会問題委員会委員長			

1.4.6

名前（カタカナ）	チャン　トゥアン　アイン		
名前（越・英）	TRẦN TUẤN ANH（TRAN TUAN ANH）		
生年月日	1964 年 04 月 06 日生	民族	キン族
役職名			
出身地	クアンガイ省		
年	経歴		
1996 年 11 月	共産党入党		
1988 年～1993 年	ベトナム商工会議所		
1994 年～1999 年	計画投資省対外経済局専門家		
1999 年～2000 年	工業省傘下産業戦略政策研究所副所長		
2004 年～2008 年	在米サンフランシスコベトナム総領館士総領事		
2008 年～2010 年	カントー市人民委員会副委員長		
2010 年～2016 年	商工省副大臣		
2016 年 1 月	第 XII 回党大会党中央執行委員会委員		
2016 年～2021 年	商工省大臣　兼　中央経済委員会副委員長		
2021 年 1 月	政治局員		
2021 年～2024 年 1 月	中央経済委員会委員長		
2024 年 1 月	政治局委員および中央委員会委員の職務を辞任		
2024 年 2 月	国会議員の職務を辞任		

1.4.7

名前（カタカナ）	ドー　タイン　ビン		
名前（越・英）	ĐỖ THANH BÌNH （DO THANH BINH）		
生年月日	1967　年　03　月　15　日生	民族	キン族
役職名	党中央委員、キエンザン省党委書記		
出身地	カーマウ省		
年	経歴		
1990 年 9 月	共産党入党		
2010 年～2012 年	キエンザン省ヴィントウアン県党委書記		
2012 年～2015 年	キエンザン省党委副委員長		
2015 年～2018 年	キエンザン省党委委員長		
2018 年～2020 年 6 月	キエンザン省人民委員会副委員長		
2020 年 7 月～11 月	キエンザン省党委副書記兼同省人民委員会委員長		
2020 年～現在	キエンザン省党委書記		
2021 年 1 月	党中央執行委員会委員		
現在	党中央執行委員会委員、　キエンザン省党委書記		

1.4.8

名前（カタカナ）	ズオン　タイン　ビン		
名前（越・英）	DƯƠNG THANH BÌNH （DUONG THANH BINH）		
生年月日	1961　年　08　月　08　日生	民族	キン族
役職名	党中央委員、国会民願局局長		
出身地	カーマウ省		
年	経歴		
1981 年 1 月	共産党入党		
2003 年～2005 年	カーマウ省党常務委員会委員		
2005 年～2010 年	カーマウ省党委常任副書記		
2010 年～2020 年	カーマウ省党委書記		
2016 年 1 月	第 XII 回党大会党中央執行委員会委員		
2020 年～現在	国会常務委員会会員　民願局局長		
2021 年 1 月	党中央執行委員会委員		
現在	党中央執行委員会委員、国会常務委員会会員民願局局長		

1.4.9

名前（カタカナ）	グエン　ホア　ビン		
名前（越・英）	NGUYỄN HÒA BÌNH（NGUYEN HOA BINH）		
生年月日	1958 年 05 月 24 日生	民族	キン族
役職名	政治局員、書記局員、ベトナム社会主義共和国常任副首相（新任）		
出身地	クアンガイ省		
年	経歴		
1981 年 10 月	共産党入党		
1992 年〜1999 年	公安省経済警察局		
1997 年〜2006 年	公安省警察総局		
2006 年〜2008 年	少将、警察総局副局長		
2008 年〜2010 年	クアンガイ省党委副書記		
2010 年〜2011 年	同省党委書記		
2011 年 1 月	第 XI 回党大会党中央執行委員会委員		
2011 年〜2016 年	最高人民検察院検事総長		
2016 年 1 月	第 XII 回党大会党中央執行委員会委員		
2016 年〜2024 年 8 月	最高人民裁判所長官		
2021 年 1 月	政治局員		
2024 年 8 月	ベトナム社会主義共和国副主席		
現在	政治局員、書記局員、ベトナム社会主義共和国常任副主席		

1.4.10

名前（カタカナ）	ブイ　ミン　チャウ		
名前（越・英）	BÙI MINH CHÂU（BUI MINH CHAU）		
生年月日	1961 年 10 月 25 日生	民族	キン族
役職名	党中央委員、フートー省党委書記　兼　同県人民評議会会会長		
出身地	フートー省		
年	経歴		
1993 年 12 月	共産党入党		
2009 年〜2010 年	フートー省党常務委員会　兼　同省監査委員会委員長		
2010 年〜2015 年	フートー省党委常任副書記		
2015 年〜2018 年	フートー省党委副書記兼同省人民委員会委員長		
2016 年 1 月	第 XII 回党大会党中央執行委員会委員		
2018 年〜現在	フートー省党委書記		
2021 年 1 月	党中央執行委員会委員		
現在	党中央執行委員会委員、フートー省党委書記兼同県人民評議会会長		

1.4.11

名前（カタカナ）	レ　ティエン　チャウ		
名前（越・英）	LÊ TIẾN CHÂU（LE TIEN CHAU）		
生年月日	1969　年　10　月　05　日生	民族	キン族
役職名	党中央委員、ハイフォン市党委書記		
出身地	タイニン省		
年	経歴		
1998 年 1 月	共産党入党		
1994 年〜2009 年	ホーチミン法律大学		
2010 年〜2014 年	司法省　兼　ヴィータン中等法学校校長		
2016 年	ハノイ法律大学学長		
2016 年〜2018 年	司法省副大臣		
2018 年〜2020 年	ハウザン省党委副書記		
2020 年〜2021 年	ハウザン省党委書記		
2021 年 1 月	党中央執行委員会委員		
現在	党中央執行委員会委員、ハイフォン市党委書記		

1.4.12

名前（カタカナ）	ドー　ヴァン　チエン		
名前（越・英）	ĐỖ VĂN CHIẾN（DO VAN CHIEN）		
生年月日	1962　年　11　月　10　日生	民族	サンジウ族
役職名	政治局員、書記局員、ベトナム祖国戦線中央委員会委員長		
出身地	トゥエンクアン省		
年	経歴		
1986 年 9 月	共産党入党		
1993 年〜1994 年	トゥエンクアン省ソンズオン県人民委員会副委員長		
1995 年〜1998 年	トゥエンクアン省党委員会		
1998 年〜2001 年	トゥエンクアン省イエンソン県党委書記		
2001 年〜2009 年	トゥエンクアン省人民委員会副委員長		
2009 年〜2011 年	トゥエンクアン省党委副書記　兼　同省人民委員会委員長		
2011 年 2 月	第 XI 回党大会党中央執行委員会委員		
2011 年〜2015 年	イエンバイ省党委書記		
2016 年 1 月	第 XII 回党大会党中央執行委員会委員		
2016 年 4 月〜2021 年	民族評議会委員長・大臣		
2021 年 1 月	書記局員		
2024 年 5 月	政治局員		
2021 年〜現在	ベトナム祖国戦線中央委員会委員長		
現在	政治局員、書記局員、ベトナム祖国戦線中央委員会委員長		

1.4.13

名前（カタカナ）	ホアン　スアン　チエン		
名前（越・英）	HOÀNG XUÂN CHIẾN（HOANG XUAN CHIEN）		
生年月日	1961　年　04　月　12　日生	民族	キン族
役職名	党中央委員、上将、国防省副大臣		
出身地	フンイエン省		
年	経歴		
2013 年～2015 年	少将、ベトナム国境警備隊副司令官　兼　参謀長		
2015 年～2020 年	ベトナム国境警備隊司令官		
2016 年	中将		
2016 年 1 月	第 XII 回党大会党中央執行委員会委員		
2020 年～現在	上将、国防省副大臣		
2021 年 1 月	党中央執行委員会委員		
現在	党中央執行委員会委員、国防省副大臣		

1.4.14

名前（カタカナ）	ホアン　ズイ　チン		
名前（越・英）	HOÀNG DUY CHINH（HOANG DUY CHINH）		
生年月日	1968　年　09　月　15　日生	民族	タイ族
役職名	党中央委員、バクカン省党委書記		
出身地	バクカン省		
年	経歴		
1995 年 2 月	共産党入党		
2007 年～2013 年	バクカン省裁判所裁判官長		
2014 年～2015 年	バクカン省人民委員会副委員長		
2015 年～2020 年	バクカン省党委副書記		
2020 年 11 月～現在	バクカン省党委書記		
2021 年 1 月	党中央執行委員会委員		
現在	党中央執行委員会委員、バクカン省党委書記		

1.4.15

名前（カタカナ）	マイ　ヴァン　チン		
名前（越・英）	MAI VĂN CHÍNH（MAI VAN CHINH）		
生年月日	1961 年 01 月 01 日生	民族	キン族
役職名	党中央委員、中央大衆工作委員会委員長（新任）		
出身地	ロンアン省		
年	経歴		
1987 年 3 月	共産党入党		
2010 年以前	ロンアン省党委副書記		
2010 年～2015 年	ロンアン省党委書記		
2016 年 1 月	第 XI 回党大会党中央執行委員会委員		
2015 年～2024 年 8 月	中央組織委員会副委員長		
2016 年 1 月	第 XII 回党大会党中央執行委員会委員		
2021 年 1 月	党中央執行委員会委員		
2024 年 8 月	中央大衆工作委員会委員長		
現在	党中央委員、中央大衆工作委員会委員長		

1.4.16

名前（カタカナ）	ファム　ミン　チン		
名前（越・英）	PHẠM MINH CHÍNH（PHAM MINH CHINH）		
生年月日	1958 年 12 月 10 日生	民族	キン族
役職名	政治局員、ベトナム社会主義共和国首相		
出身地	タインホア省		
年	経歴		
1986 年 12 月	共産党入党		
1984 年	大卒、就職		
1989 年	公安省に勤務		
1996 年	公安大学で業務トレーディング		
2006 年	情報総局副局長		
2010 年	公安省物流・技術総局局長		
2010 年 8 月	公安省副大臣		
2011 年 1 月	第 XI 回党大会党中央執行委員会委員		
2011 年 8 月	クアンニン省党委書記		
2015 年	中央組織委員会副委員長		
2016 年	政治局員、第 XII 回党大会党中央執行委員会委員、中央組織委員会委員長		
2021 年 1 月	政治局員		
2021 年～現在	ベトナム社会主義共和国首相		
現在	政治局員、ベトナム社会主義共和国首相		

1.4.17

名前（カタカナ）	グエン　タン　クオン			
名前（越・英）	NGUYỄN TÂN CƯƠNG（NGUYEN TAN CUONG）			
生年月日	1966 年 02 月 12 日生		民族	キン族
役職名	党中央委員、大将、ベトナム人民軍総参謀長			
出身地	ハーナム省			
年	経歴			
2011 年〜2013 年	少将、第 1 軍団司令官			
2014 年〜2018 年	第 4 軍管区司令官			
2016 年	中将			
2016 年 1 月	第 XII 回党大会党中央執行委員会委員			
2018 年〜2019 年	ベトナム人民軍副総参謀長			
2019 年〜2020 年	上将、国防省副大臣			
2021 年 1 月	党中央執行委員会委員			
2021 年〜現在	ベトナム人民軍総参謀長			
2024 年 10 月	大将			
現在	党中央委員、ベトナム人民軍総参謀長			

1.4.18

名前（カタカナ）	ブイ　ヴァン　クオン			
名前（越・英）	BÙI VĂN CƯỜNG（BUI VAN CUONG）			
生年月日	1965 年 06 月 18 日生		民族	キン族
役職名				
出身地	ハイズオン省			
年	経歴			
1992 年 6 月	共産党入党			
2006 年〜2008 年	ホーチミン共産青年団中央書記			
2008 年〜2011 年	ザーライ省党委副書記			
2011 年〜2012 年	党中央大衆工作委員会副委員長			
2012 年〜2015 年	中央企業セクター党書記			
2016 年〜2019 年	ベトナム労働総連盟会長			
2016 年 1 月	第 XII 回党大会党中央執行委員会委員			
2019 年〜2021 年	ダクラク省党委書記			
2021 年 1 月	党中央執行委員会委員			
2021 年〜2024 年 10 月	国会事務局局長			
2024 年	政治局から警告処分を受け、党中央委員の職を解任された			

1.4.19

名前（カタカナ）	ルオン　クオン		
名前（越・英）	LƯƠNG CƯỜNG（LUONG CUONG）		
生年月日	1957　年　08　月　15　日生	民族	キン族
役職名	政治局員、ベトナム社会主義共和国主席（新任）		
出身地	フートー省		
年	経歴		
2002 年～2008 年	少将、第 2 軍団政治委員		
2008 年～2011 年	第 3 軍管区政治委員		
2009 年	中将		
2011 年～2016 年	ベトナム人民軍政治総局副局長		
2014 年	上将		
2016 年 1 月	第 XII 回党大会党中央執行委員会委員		
2016 年～現在	ベトナム人民軍政治総局局長		
2019 年	大将		
2021 年 1 月～現在	政治局員		
2024 年 10 月	ベトナム社会主義共和国主席		
現在	政治局員、ベトナム社会主義共和国主席		

1.4.20

名前（カタカナ）	ゴ　チー　クオン		
名前（越・英）	NGÔ CHÍ CƯỜNG（NGO CHI CUONG）		
生年月日	1967　年　09　月　11　日生	民族	キン族
役職名	党中央委員、チャーヴィン省党委書記		
出身地	チャーヴィン省		
年	経歴		
1992 年 5 月	共産党入党		
2011 年～2012 年	チャーヴィン省組織委員会委員長		
2012 年～2014 年	チャーヴィン省チャーヴィン市党委書記		
2014 年～2020 年	チャーヴィン省党委常任副書記		
2020 年～現在	チャーヴィン省党委書記		
2021 年 1 月	党中央執行委員会委員		
現在	党中央執行委員会委員、チャーヴィン省党委書記		

1.4.21

名前（カタカナ）	グエン　マイン　クオン		
名前（越・英）	NGUYỄN MẠNH CƯỜNG（NGUYEN MANH CUONG）		
生年月日	1973　年　10　月　30　日生	民族	キン族
役職名	党中央委員、中央対外委員会副会長（新任）		
出身地	ゲーアン省		
年	経歴		
1999 年 9 月	共産党入党		
2008 年〜2014 年	外交学院		
2018 年〜2021 年	中央外交委員会副委員長		
2020 年〜現在	中央外交委員会党委書記		
2021 年 1 月	党中央執行委員会委員		
2021 年〜2024 年	ビンフォック省党委書記		
2024 年 11 月	中央対外委員会副会長		
現在	党中央委員、中央対外委員会副会長		

1.4.22

名前（カタカナ）	グエン　フー　クオン		
名前（越・英）	NGUYỄN PHÚ CƯỜNG（NGUYEN PHU CUONG）		
生年月日	1967　年　06　月　19　日生	民族	キン族
役職名			
出身地	ビンズオン省		
年	経歴		
2021 年 1 月	党中央執行委員会委員		
現在	2023 年に党中央執行委員会委員、ドンナイ省党委書記、国会財政予算委員長などから罷免された		

1.4.23

名前（カタカナ）	ファン　ヴィエット　クオン		
名前（越・英）	PHAN VIỆT CƯỜNG（PHAN VIET CUONG）		
生年月日	1963 年　08　月　10　日生	民族	キン族
役職名			
出身地	クアンナム省		
年	経歴		
1988 年 12 月	共産党入党		
2015 年以前	クアンナム省党委内政局局長		
2015 年～2019 年	クアンナム省党委常任副書記		
2016 年 1 月	第 XII 回党大会党中央執行委員会委員		
2019 年～2024 年	クアンナム省党委書記　兼　同省人民評議会議長		
2021 年～2024 年 1 月	党中央執行委員会委員		
2024 年 4 月	クアンナム省人民評議会議長役職を解任された		

1.4.24

名前（カタカナ）	チャン　クォック　クオン		
名前（越・英）	TRẦN QUỐC CƯỜNG（TRAN QUOC CUONG）		
生年月日	1961 年　11　月　03　日生	民族	キン族
役職名	党中央委員、ディエンビエン省党委書記		
出身地	ナムディン省		
年	経歴		
1985 年 11 月	共産党入党		
2009 年～2012 年	公安省		
2015 年～2019 年	ダクラク省党委副書記		
2016 年 1 月	第 XII 回党大会党中央執行委員会委員		
2019 年～現在	中央内政委員会副委員長		
2021 年 1 月	党中央執行委員会委員		
2022 年 11 月	ディエンビエン省党委書記		
現在	党中央執行委員会委員、ディエンビエン省党委書記		

1.4.25

名前（カタカナ）	ヴ ドゥック ダム			
名前（越・英）	VŨ ĐỨC ĐAM （VU DUC DAM）			
生年月日	1963 年 02 月 03 日生	民族		キン族
役職名				
出身地	ハイズオン省			
年	経歴			
2021 年 1 月	党中央執行委員会委員			
現在	ベトナム社会主義共和国副首相から罷免された			

1.4.26

名前（カタカナ）	グエン ヴァン ザイン		
名前（越・英）	NGUYỄN VĂN DANH （NGUYEN VAN DANH）		
生年月日	1962 年 07 月 12 日生　　民族		キン族
役職名	党中央委員、ティエンザン省党委書記		
出身地	ティエンザン省		
年	経歴		
1981 年 12 月	共産党入党		
2009 年～2010 年	ティエンザン省党委副書記		
2010 年～2016 年	ティエンザン省党委副書記　兼　人民評議会会議長		
2015 年～2021 年	ティエンザン省党委書記　兼　人民評議会会議長		
2016 年 1 月	第 XII 回党大会党中央執行委員会委員		
2021 年 1 月	党中央執行委員会委員		
現在	党中央執行委員会委員、ティエンザン省党委書記		

1.4.27

名前（カタカナ）	フイン タイン ダット		
名前（越・英）	HUỲNH THÀNH ĐẠT （HUYNH THANH DAT）		
生年月日	1962 年 08 月 26 日生	民族	キン族
役職名	党中央委員、科学技術省大臣		
出身地	ベンチェー省		
年	経歴		
1990 年 9 月	共産党入党		
1987 年～1996 年	ホーチミン総合大学		
1996 年～2004 年	ホーチミン市国家大学		
2004 年～2017 年	ホーチミン市国家大学常任副学長		
2016 年 1 月	第 XII 回党大会党中央執行委員会委員		
2017 年～2021 年	ホーチミン市国家大学学長		
2020 年～現在	科学技術省大臣		
2021 年 1 月	党中央執行委員会委員		
現在	党中央執行委員会委員、科学技術省大臣		

1.4.28

名前（カタカナ）	グエン　ホン　ジエン			
名前（越・英）	NGUYỄN HỒNG DIÊN （NGUYEN HONG DIEN）			
生年月日	1965 年　03 月　16 日生		民族	キン族
役職名	党中央委員、商工省大臣			
出身地	タイビン省			
年	経歴			
1985 年 2 月	共産党入党			
2007 年～2015 年	タイビン省宣伝教育委員会委員長			
2010 年～2018 年	タイビン省党委副書記			
2016 年 1 月	第 XII 回党大会党中央執行委員会委員			
2018 年～2020 年	タイビン省党委書記　兼　同省人民評議会会議長			
2020 年～2021 年	中央宣伝教育委員会副委員長			
2021 年 1 月	党中央執行委員会委員			
2021 年～現在	商工省大臣			
現在	党中央委員、商工省大臣			

1.4.29

名前（カタカナ）	グエン　カック　ディン			
名前（越・英）	NGUYỄN KHẮC ĐỊNH （NGUYEN KHAC DINH）			
生年月日	1964 年　01 月　03 日生		民族	キン族
役職名	党中央委員、ベトナム社会主義共和国国会副議長			
出身地	タイビン省			
年	経歴			
1988 年 5 月	共産党入党			
1993 年～2008 年	政府官房			
2008 年～2011 年	政府首相補佐			
2011 年～2016 年	政府官房副長官			
2016 年～2019 年	国会法律委員会委員長			
2016 年 1 月	第 XII 回党大会党中央執行委員会委員			
2020 年～2021 年	カインホア省党委書記			
2021 年 1 月	党中央執行委員会委員			
2021 年～現在	ベトナム社会主義共和国国会副議長			
現在	党中央執行委員会委員、ベトナム社会主義共和国国会副議長			

1.4.30

名前（カタカナ）	ルオン　クオック　ドアン		
名前（越・英）	LƯƠNG QUỐC ĐOÀN （LUONG QUOC DOAN）		
生年月日	1970 年 12 月 21 日生	民族	キン族
役職名	党中央委員、ベトナム農民中央会会長		
出身地	タイビン省		
年	経歴		
199 年〜2016 年	ベトナム農民中央会		
2016 年〜2018 年	ベトナム農民中央会副会長		
2018 年〜2021 年	ベトナム農民中央会常務副会長		
2021 年 1 月	党中央執行委員会委員		
2021 年〜現在	ベトナム農民中央会会長		
現在	党中央執行委員会委員、ベトナム農民中央会会長		

1.4.31

名前（カタカナ）	グエン　クオック　ドアン		
名前（越・英）	NGUYỄN QUỐC ĐOÀN （NGUYEN QUOC DOAN）		
生年月日	1975 年 08 月 26 日生	民族	キン族
役職名	党中央委員、最高人民裁判所判事（新任）		
出身地	ニンビン省		
年	経歴		
1998 年 9 月	共産党入党		
2018 年以前	公安省機動警察副司令官		
2018 年〜2020 年	トゥアティエンフエ省公安局局長		
2020 年〜2021 年	トゥアティエンフエ省党委常務副書記		
2021 年 1 月	党中央執行委員会委員		
2021 年〜2024 年	ランソン省党委書記		
2024 年 11 月	最高人民裁判所判事		
現在	党中央執行委員会委員、最高人民裁判所判事		

1.4.32

名前（カタカナ）	グエン　フウ　ドン
名前（越・英）	NGUYỄN HỮU ĐÔNG（NGUYEN HUU DONG）
生年月日	1972 年　09 月　20 日生　｜　民族　｜　キン族
役職名	党中央委員、中央内政委員会副委員長（新任）
出身地	フートー省
年	経歴
1995 年 5 月	共産党入党
2010 年〜2013 年	フート省イエンラップ県党委書記
2013 年〜2015 年	フート省内政局局長
2015 年〜2019 年	フート省党委副書記
2016 年 1 月	第 XII 回党大会党中央執行委員会委員候補
2016 年〜2019 年	ソンラ省党委副書記
2020 年〜2024 年 6 月	ソンラ省党委書記
2021 年 1 月	党中央執行委員会委員
2024 年 6 月	中央内政委員会副委員長
現在	党中央執行委員会委員、中央内政委員会副委員長

1.4.33

名前（カタカナ）	ダオ　ゴック　ズン
名前（越・英）	ĐÀO NGỌC DUNG（DAO NGOC DUNG）
生年月日	1962 年　06 月　06 日生　｜　民族　｜　キン族
役職名	党中央委員、労働傷病兵社会省大臣
出身地	ハーナム省
年	経歴
1984 年 12 月	共産党入党
2003 年〜2005 年	ベトナムホーチミン中央共産青年団常任書記
2006 年 4 月	第 X 回党大会党中央執行委員会委員
2007 年〜2010 年	北西指導委員会副委員長
2010 年〜2011 年	イエンバイ省党委書記
2011 年 1 月	第 XI 回党大会党中央執行委員会委員
2011 年〜2016 年	中央直轄機関党委書記
2016 年 1 月	第 XII 回党大会党中央執行委員会委員
2016 年〜現在	労働傷病兵社会省大臣
2021 年 1 月	党中央執行委員会委員
2024 年 5 月	懲戒処分として戒告された
現在	党中央執行委員会委員、労働傷病兵社会省大臣

1.4.34

名前（カタカナ）	ディン ティエン ズン		
名前（越・英）	ĐINH TIẾN DŨNG（DINH TIEN DUNG）		
生年月日	1961 年 05 月 10 日生	民族	キン族
役職名			
出身地	ニンビン省		
年	経歴		
1987 年 1 月	共産党入党		
1983 年～1993 年	建設省傘下ソンダコーポレーション社		
1993 年～1997 年	建設省傘下建設用陶器ガラス総公社（ビグラセラ）会計長		
1997 年～2003 年	建設省経済財政局局長		
2003 年～2008 年	建設省副大臣		
2008 年～2010 年	ディエンビエン省人民委員会委員長　兼　同省党委副書記		
2010 年～2011 年	ニンビン省党委書記		
2011 年 1 月	第 XI 回党大会党中央執行委員会委員		
2011 年～2013 年	国家会計監査院院長		
2013 年～2021 年	財政省大臣		
2021 年 1 月～2024 年 6 月	政治局員		
2021 年～2024 年 6 月	ハノイ市党委書記		
2024 年 6 月	政治局員、ハノイ市党委書記を辞任		

1.4.35

名前（カタカナ）	ホー クオック ズン		
名前（越・英）	HỒ QUỐC DŨNG（HO QUOC DUNG）		
生年月日	1966 年 08 月 15 日生	民族	キン族
役職名	党中央委員、ビンディン省党委書記　兼　同省人民評議会会議長		
出身地	ビンディン省		
年	経歴		
1994 年 7 月	共産党入党		
2009 年以前	ビンディン省党委書記局長		
2009 年～2014 年	ビンディン省人民委員会副委員長		
2014 年～2020 年	ビンディン省人民委員会委員長　兼　同省ビンディン省党委副書記		
2020 年～現在	ビンディン省党委書記　兼　同省人民評議会議長		
2021 年 1 月	党中央執行委員会委員		
現在	党中央執行委員会委員、ビンディン省党委書記　兼　同省人民評議会議長		

1.4.36

名前（カタカナ）	ホアン　チュン　ズン		
名前（越・英）	HOÀNG TRUNG DŨNG（HOANG TRUNG DUNG）		
生年月日	1971 年　05 月　21 日生	民族	キン族
役職名	党中央委員、ハーティン省党委書記　兼　同省人民評議会議長		
出身地	ハーティン省		
年	経歴		
1994 年 10 月	共産党入党		
2008 年～2010 年	ハーティン省ハーティン市党委常任副書記		
2010 年～2014 年	ハーティン省党執行委員会委員		
2014 年～2016 年	ハーティン省ハーティン市党委書記		
2016 年～2019 年	ハーティン省宣伝教育委員会委員長		
2019 年～2020 年	ハーティン省党委副書記		
2020 年～現在	ハーティン省党委書記　兼　同省人民評議会議長		
2021 年 1 月	党中央執行委員会委員		
現在	党中央執行委員会委員、ハーティン省党委書記　兼　同省人民評議会議長		

1.4.37

名前（カタカナ）	グエン　チー　ズン		
名前（越・英）	NGUYỄN CHÍ DŨNG（NGUYEN CHI DUNG）		
生年月日	1960 年　08 月　05 日生	民族	キン族
役職名	党中央委員、計画投資省大臣		
出身地	ハーティン省		
年	経歴		
1987 年 9 月	共産党入党		
2008 年以前	計画投資省		
2008 年～2009 年	計画投資省副大臣		
2009 年～2010 年	ニントゥアン省人民委員会委員長　兼　同省党委副書記		
2011 年 1 月	第 XI 回党大会党中央執行委員会委員		
2011 年～2014 年	ニントゥアン省党委書記　兼　同省人民評議会会議長		
2014 年～2016 年	計画投資省副大臣		
2016 年 1 月	第 XII 回党大会党中央執行委員会委員		
2016 年～現在	計画投資省大臣		
2021 年 1 月	党中央執行委員会委員		
現在	党中央執行委員会委員、計画投資省大臣		

1.4.38

名前（カタカナ）	ヴォー　ヴァン　ズン			
名前（越・英）	VÕ VĂN DŨNG（VO VAN DUNG）			
生年月日	1960 年　09 月　29 日生		民族	キン族
役職名	党中央委員、中央内政委員会常任副委員長			
出身地	バクリエウ省			
年	経歴			
1982 年 9 月	共産党入党			
2005 年～2009 年	バクリエウ省・バクリエウ市党委書記			
2006 年 4 月	第 X 回党大会党中央執行委員会委員　候補			
2009 年～2010 年	バクリエウ省人民委員会委員長　兼　同省人民評議会会議長			
2010 年～2015 年	バクリエウ省党委書記			
2011 年 1 月	第 XI 回党大会党中央執行委員会委員			
2016 年～現在	中央内政委員会常任副委員長			
2016 年 1 月	第 XII 回党大会党中央執行委員会委員			
2021 年 1 月	党中央執行委員会委員			
現在	党中央執行委員会委員、中央内政委員会常任副委員長			

1.4.39

名前（カタカナ）	グエン　ヴァン　ドゥオック			
名前（越・英）	NGUYỄN VĂN ĐƯỢC（NGUYEN VAN DUOC）			
生年月日	1968 年　04 月　03 日生		民族	キン族
役職名	党中央委員、ロンアン省党委書記　兼　同省人民評議会議長			
出身地	ロンアン省			
年	経歴			
2000 年 5 月	共産党入党			
2013 年～2015 年	ロンアン省タンタイン県党委書記			
2016 年～2019 年	ロンアン省人民委員会副委員長			
2019 年～2020 年	ロンアン省党委常任副書記			
2020 年～現在	ロンアン省党委書記　兼　同省人民評議会議長			
2021 年 1 月	党中央執行委員会委員			
現在	党中央執行委員会委員、ロンアン省党委書記　兼　同省人民評議会議長			

1.4.40

名前（カタカナ）	グエン　クアン　ズオン		
名前（越・英）	NGUYỄN QUANG DƯƠNG（NGUYEN QUANG DUONG）		
生年月日	1962 年　07 月　11 日生	民族	キン族
役職名	党中央委員、中央組織委員会副委員長		
出身地	ハノイ市		
年	経歴		
1984 年 11 月	共産党入党		
2015 年～2016 年	中央企業党委常任副書記		
2016 年 1 月	第 XII 回党大会党中央執行委員会委員		
2016 年～2017 年	中央機関党委書記		
2017 年～2020 年	バクリエウ省党委書記		
2020 年～現在	中央組織委員会副委員長		
2021 年 1 月	党中央執行委員会委員		
現在	党中央執行委員会委員、中央組織委員会副委員長		

1.4.41

名前（カタカナ）	ファム　ダイ　ズオン		
名前（越・英）	PHẠM ĐẠI DƯƠNG（PHAM DAI DUONG）		
生年月日	1974 年　02 月　06 日生	民族	キン族
役職名	党中央委員、フーイエン省党委書記		
出身地	ハノイ市		
年	経歴		
2005 年 11 月	共産党入党		
2015 年～2018 年	科学技術省副大臣		
2018 年～2020 年	フーイエン省党委副書記		
2020 年～現在	フーイエン省党委書記		
2021 年 1 月	党中央執行委員会委員		
現在	党中央執行委員会委員、フーイエン省党委書記		

1.4.42

名前（カタカナ）	ドー ドゥック ズイ			
名前（越・英）	ĐỖ ĐỨC DUY （DO DUC DUY）			
生年月日	1970 年 05 月 20 日生	民族		キン族
役職名	党中央委員、天然資源環境省大臣（新任）			
出身地	タイビン省			
年	経歴			
1999 年 5 月	共産党入党			
2015 年～2017 年	建設省副大臣			
2017 年～2020 年	イエンバイ省党委副書記			
2020 年～2024 年	イエンバイ省党委書記省党委書記			
2021 年 1 月	党中央執行委員会委員			
2024 年 8 月	天然資源環境省大臣			
現在	党中央執行委員会委員、天然資源環境省大臣			

1.4.43

名前（カタカナ）	グエン ヴァン ガウ			
名前（越・英）	NGUYỄN VĂN GẤU （NGUYEN VAN GAU）			
生年月日	1967 年 09 月 16 日生	民族		キン族
役職名	党中央委員、バクザン省党委書記			
出身地	ベンチェー省			
年	経歴			
2019 年以前	第 9 軍管区政治主任			
2019 年	少将			
2020 年～現在	第 9 軍管区政治委員			
2021 年 1 月	党中央執行委員会委員			
2023 年～2024 年 6 月	中将、ベトナム人民軍政治総局副主任			
2024 年 6 月	バクザン省党委書記、第 1 軍区党委員会に参加			
現在	党中央執行委員会委員、バクザン省党委書記			

1.4.44

名前（カタカナ）	ファン　ヴァン　ザン			
名前（越・英）	PHAN VĂN GIANG （PHAN VAN GIANG）			
生年月日	1960　年　10　月　14　日生		民族	キン族
役職名	政治局員、大将、国防省大臣			
出身地	ナムディン省			
年	経歴			
2010 年	少将、第 1 軍団司令官			
2011 年〜2014 年	中将、ベトナム人民軍総参謀副長			
2014 年〜2016 年	中将、第 1 軍管区司令官			
2016 年 4 月	第 XII 回党大会党中央執行委員会委員			
2016 年〜2021 年	国防省副大臣　兼　ベトナム人民軍総参謀長			
2021 年 1 月	政治局員			
2021 年〜現在	国防省大臣			
現在	政治局員、大将、国防省大臣			

1.4.45

名前（カタカナ）	グエン　ティ　トゥ　ハー			
名前（越・英）	NGUYỄN THỊ THU HÀ （NGUYEN THI THU HA）			
生年月日	1970　年　05　月　27　日生		民族	キン族　（女性）
役職名	党中央委員、ベトナム祖国戦線中央委員会副委員長　兼　総書記			
出身地	ニンビン省			
年	経歴			
1997 年 6 月	共産党入党			
2012 年〜2016 年	ベトナム女性連合会副会長			
2014 年〜2015 年	ヴィンロン省党委副書記			
2016 年 1 月	第 XII 回党大会党中央執行委員会委員			
2016 年〜2020 年	ベトナム女性連合会会長			
2020 年〜2023 年	ニンビン省党委書記			
2021 年 1 月	党中央執行委員会委員			
現在	党中央執行委員会委員、ベトナム祖国戦線中央委員会副委員長兼総書記			

1.4.46

名前（カタカナ）	チャン　ホン　ハー			
名前（越・英）	TRẦN HỒNG HÀ（TRAN HONG HA）			
生年月日	1963 年　04 月　19 日生		民族	キン族
役職名	党中央執委員、ベトナム社会主義共和国副首相			
出身地	ハーティン省			
年	経歴			
1990 年 7 月	共産党入党			
2005 年～2008 年	自然環境保護局局長			
2008 年～2009 年	天然資源環境省副大臣			
2009 年～2010 年	バリアブンタウ省党委副書記			
2010 年～2016 年	天然資源環境省副大臣			
2011 年 1 月	第 XI 回党大会党中央執行委員会候補委員			
2016 年 1 月	第 XII 回党大会党中央執行委員会候補委員			
2016 年～2023 年	天然資源環境省大臣			
2021 年 1 月	党中央執行委員会委員			
現在	党中央執行委員会委員、ベトナム社会主義共和国副首相			

1.4.47

名前（カタカナ）	ブ　ハイ　ハー			
名前（越・英）	VŨ HẢI HÀ（VU HAI HA）			
生年月日	1969 年　03 月　01 日生		民族	キン族
役職名	党中央委員、国会対外委員会委員長			
出身地	ナムディン省			
年	経歴			
1995 年 4 月	共産党入党			
1995 年～2011 年	国会事務局			
2011 年～2013 年	国会対外委員会常任委員			
2013 年～2021 年	国会対外委員会副委員長			
2021 年 1 月	党中央執行委員会委員			
2021 年～現在	国会対外委員会委員長			
現在	党中央執行委員会委員、国会対外委員会委員長			

1.4.48

名前（カタカナ）	レ　カイン　ハイ		
名前（越・英）	LÊ KHÁNH HẢI（LE KHANH HAI）		
生年月日	1966 年　05 月　27 日生	民族	キン族
役職名	党中央委員、ベトナム国家主席事務局局長		
出身地	クアンチ―省		
年	経歴		
1985 年 6 月	共産党入党		
1990 年〜2010 年	文化スポーツ観光省		
2010 年〜2020 年	文化スポーツ観光省副大臣		
2020 年〜2021 年	ベトナム主席事務局副局長		
2021 年 1 月	党中央執行委員会委員		
現在	党中央執行委員会委員、ベトナム国家主席事務局局長		

1.4.49

名前（カタカナ）	ゴ　ドン　ハイ		
名前（越・英）	NGÔ ĐÔNG HẢI（NGO DONG HAI）		
生年月日	1970 年　10 月　25 日生	民族	キン族
役職名	党中央委員、中央宣伝教育委員会副委員長（新任）		
出身地	ビンディン省		
年	経歴		
1998 年 12 月	共産党入党		
2011 年 1 月	第 XI 回党大会党中央執行委員会候補委員		
2014 年〜2016 年	ビンディン省人民委員会副委員長		
2016 年 1 月	第 XII 回党大会党中央執行委員会候補委員		
2016 年〜2018 年	中央経済局副局長		
2018 年〜2020 年	タイビン省党委常任副書記		
2020 年〜2024 年	タイビン省党委書記		
2021 年 1 月	党中央執行委員会委員		
2024 年 11 月	中央宣伝教育委員会副委員長		
現在	党中央執行委員会委員、中央宣伝教育委員会副委員長		

1.4.50

名前（カタカナ）	グエン　ドゥック　ハイ		
名前（越・英）	NGUYỄN ĐỨC HẢI （NGUYEN DUC HAI）		
生年月日	1961 年　07 月　29 日生	民族	キン族
役職名	党中央委員、ベトナム社会主義共和国国会副議長		
出身地	クアンナム省		
年	経歴		
1984 年 4 月	共産党入党		
2004 年〜2008 年	クアンナム省人民委員会委員長		
2008 年〜2015 年	クアンナム省党委書記		
2011 年 1 月	第 XI 回党大会党中央執行委員会委員		
2015 年〜2016 年	中央検査委員会副委員長		
2016 年 1 月	第 XII 回党大会党中央執行委員会委員		
2016 年〜2021 年	国会財政予算委員会委員長		
2021 年 1 月	党中央執行委員会委員		
2021 年〜現在	ベトナム社会主義共和国国会副議長		
現在	党中央執行委員会委員、ベトナム社会主義共和国国会副議長		

1.4.51

名前（カタカナ）	グエン　タイン　ハイ		
名前（越・英）	NGUYỄN THANH HẢI （NGUYEN THANH HAI）		
生年月日	1970 年　10 月　2 日生	民族	キン族　（女性）
役職名	党中央委員、国会常任委員会委員、国会代表活動委員会委員長　兼　党中央組織委員会副委員長　（新任）		
出身地	ハノイ市		
年	経歴		
2002 年 10 月	共産党入党		
2009 年〜2011 年	ベトナム青少年学院副院長兼同学院党委書記		
2011 年〜2013 年	国会文化教育青少年児童委員会常任委員		
2013 年〜2015 年	国会事務局副局長、国会文化教育青少年児童委員会委員		
2016 年 1 月	第 XII 回党大会党中央執行委員会委員		
2016 年〜2020 年	国会常務委員会の請願委員会委員長		
2020 年〜2024 年 6 月	タイグエン省党委書記		
2021 年 1 月	党中央執行委員会委員		
2024 年 6 月	国会常任委員会委員、国会代表活動委員会委員長　兼　党中央組織委員会副委員長		
現在	党中央執行委員会委員、国会常任委員会委員、国会代表活動委員会委員長　兼　党中央組織委員会副委員長		

1.4.52

名前（カタカナ）	グエン　ティエン　ハイ		
名前（越・英）	NGUYỄN TIẾN HẢI （NGUYEN TIEN HAI）		
生年月日	1965 年　08 月　31 日生	民族	キン族
役職名	党中央委員、カーマウ省党委書記　兼　同省人民評議会議長		
出身地	カーマウ省		
年	経歴		
1986 年 9 月	共産党入党		
2009 年～2014 年	カーマウ省人民委員会副委員長		
2014 年～2015 年	カーマウ省党委副書記		
2015 年～2020 年	カーマウ省人民委員会委員長　兼　同省党委副書記		
2020 年～現在	カーマウ省党委書記　兼　同省人民評議会議長		
2021 年 1 月	党中央執行委員会委員		
現在	党中央執行委員会委員、カーマウ省党委書記　兼　同省人民評議会議長		

1.4.53

名前（カタカナ）	グエン　ヴァン　ヒエン		
名前（越・英）	NGUYỄN VĂN HIỀN （NGUYEN VAN HIEN）		
生年月日	1967 年　02 月　22 日生	民族	キン族
役職名	党中央委員、少将、ベトナム人民防空・空軍司令官		
出身地	タイビン省		
年	経歴		
2018 年以前	ベトナム人民防空・空軍師団防空 365 団長		
2018 年	少将、ベトナム人民防空・空軍副司令官		
2020 年～2021 年	ベトナム人民防空・空軍副司令官　兼　参謀長		
2021 年 1 月	党中央執行委員会委員		
現在	党中央執行委員会委員、ベトナム人民防空・空軍副司令官		

1.4.54

名前（カタカナ）	ブイ　ティ　ミン　ホアイ			
名前（越・英）	BÙI THỊ MINH HOÀI（BUI THI MINH HOAI）			
生年月日	1965　年　1　月　12　日生	民族	キン族　（女性）	
役職名	政治局員、ハノイ市党委員会書記（新任）			
出身地	ハーナム省			
年	経歴			
1991 年 1 月	共産党入党			
2008 年〜2009 年	ハーナム省フーリー市党委書記			
2009 年〜2011 年	ベトナム農民協会中央執行委員会常任副会長			
2011 年〜2021 年	党中央監査委員会副委員長			
2011 年 3 月	第 XI 回党大会党中央執行委員会委員			
2016 年 1 月	第 XII 回党大会党中央執行委員会委員			
2021 年 2 月	書記局員			
2021 年〜2024 年 7 月	中央大衆工作委員会委員長			
2024 年 5 月	政治局員			
2024 年 7 月	ハノイ市党委員会書記			
現在	政治局員、ハノイ市党委員会書記			

1.4.55

名前（カタカナ）	レ　ミン　ホアン		
名前（越・英）	LÊ MINH HOAN（LE MINH HOAN）		
生年月日	1961　年　01　月　19　日生	民族	キン族
役職名	党中央委員、農業農村開発省大臣		
出身地	ドンタップ省		
年	経歴		
1988 年 7 月	共産党入党		
2003 年〜2008 年	ドンタップ省人民委員会副委員長		
2008 年〜2010 年	ドンタップ省カオライン市党委書記		
2010 年〜2014 年	ドンタップ省人民委員会委員長　兼　同省党委副書記		
2014 年〜2020 年	ドンタップ省党委書記		
2016 年 1 月	第 XII 回党大会党中央執行委員会委員		
2020 年〜2021 年	農業農村開発省副大臣		
2021 年 1 月	党中央執行委員会委員		
2021 年〜現在	農業農村開発省大臣		
現在	党中央執行委員会委員、農業農村開発省大臣		

1.4.56

名前（カタカナ）	グエン　ティ　ホン		
名前（越・英）	NGUYỄN THỊ HỒNG（NGUYEN THI HONG）		
生年月日	1968 年　03　月　27　日生	民族	キン族　（女性）
役職名	党中央委員、国家銀行総裁		
出身地	ハノイ市		
年	経歴		
1999 年 10 月	共産党入党		
2012 年〜2014 年	政策通貨局局長		
2014 年〜2020 年	ベトナム国家銀行副総裁		
2020 年 11 月〜現在	ベトナム国家銀行総裁		
2021 年 1 月	党中央執行委員会委員		
現在	党中央執行委員会委員、国家銀行総裁		

1.4.57

名前（カタカナ）	ダオ　ミン　フアン		
名前（越・英）	ĐOÀN MINH HUẤN（DAO MINH HUAN）		
生年月日	1971 年　04　月　03　日生	民族	キン族
役職名	党中央委員、ニンビン省党委書記		
出身地	ハーティン省		
年	経歴		
1995 年 5 月	共産党入党		
2016 年以前	ホーチミン国家政治行政学院		
2016 年 1 月	第 XII 回党大会党中央執行委員会委員候補		
2016 年〜2017 年	共産主義雑誌副編集長		
2017 年〜2023 年	共産主義雑誌編集長		
2021 年 1 月	党中央執行委員会委員		
2023 年 3 月	ニンビン省党委書記		
現在	党中央執行委員会委員、ニンビン省党委書記		

1.4.58

名前（カタカナ）	ヴオン　ディン　フエ		
名前（越・英）	VƯƠNG ĐÌNH HUỆ（VUONG DINH HUE）		
生年月日	1957 年 03 月 15 日生	民族	キン族
役職名			
出身地	ゲーアン省		
年	経歴		
1984 年 3 月	共産党入党		
1991 年〜2001 年	ハノイ財政会計大学の講師、副学科長、学科長、副学長		
2001 年〜2006 年	国家会計監査院副院長		
2006 年 4 月	第 X 回党大会党中央執行委員会委員		
2006 年−2011 年	国家会計監査院院長、第 XI 回党大会党中央執行委員会委員		
2011 年〜2013 年	財務省大臣		
2012 年〜2016 年	中央経済委員会委員長		
2016 年〜2020 年	政治局員、第 XII 回党大会党中央執行委員会委員、副首相　兼南西部指導局局長		
2020 年〜2021 年	ハノイ市党委書記		
2021 年 1 月	政治局員		
2021 年〜2024 年 4 月	ベトナム社会主義共和国国会議長		
2024 年 5 月	政治局員、ベトナム社会主義共和国国会議長を解任された		

1.4.59

名前（カタカナ）	レ　クオック　フン		
名前（越・英）	LÊ QUỐC HÙNG（LE QUOC HUNG）		
生年月日	1966 年 08 月 20 日生	民族	キン族
役職名	党中央委員、中将、公安省副大臣		
出身地	トゥアティエンフエ省		
年	経歴		
1991 年 6 月	共産党入党		
2007 年〜2015 年	トゥアティエンフエ省公安局副局長		
2015 年〜2018 年	トゥアティエンフエ省公安局局長		
2018 年	中央公安党委検査委員会副委員長		
2019 年	少将		
2022 年	中将		
2020 年〜現在	公安省副大臣		
2021 年 1 月	党中央執行委員会委員		
現在	党中央執行委員会委員、公安省副大臣		

1.4.60

名前（カタカナ）	ル　ヴァン　フン		
名前（越・英）	LỮ VĂN HÙNG （LU VAN HUNG）		
生年月日	1963 年 01 月 01 日生	民族	キン族
役職名	党中央委員、バクリエウ省党委書記　兼　同省人民評議会議長		
出身地	ハウザン省		
年	経歴		
1981 年 8 月	共産党入党		
2015 年〜2016 年	ハウザン省党委副書記		
2015 年〜2018 年	ハウザン省人民委員会委員長		
2016 年 1 月	第 XII 回党大会党中央執行委員会委員		
2018 年〜2020 年	ハウザン省党委書記		
2020 年〜現在	バクリエウ省党委書記		
2021 年 1 月	党中央執行委員会委員		
現在	党中央執行委員会委員、バクリエウ省党委書記　兼　同省人民評議会議長		

1.4.61

名前（カタカナ）	グエン　マイン　フン		
名前（越・英）	NGUYỄN MẠNH HÙNG （NGUYEN MANH HUNG）		
生年月日	1962 年 07 月 24 日生	民族	キン族
役職名	党中央委員、情報通信省大臣		
出身地	バクニン省		
年	経歴		
1984 年 6 月	共産党入党		
2005 年〜2014 年	軍事通信産業グループ（ベトテルグループ）副社長		
2014 年〜2018 年	少将、軍事通信産業グループ（ベトテルグループ）社長		
2016 年 1 月	第 XII 回党大会党中央執行委員会委員		
2018 年〜現在	情報通信省大臣		
2021 年 1 月	党中央執行委員会委員		
現在	党中央執行委員会委員、情報通信省大臣		

1.4.62

名前（カタカナ）	グエン　ヴァン　フン
名前（越・英）	NGUYỄN VĂN HÙNG（NGUYEN VAN HUNG）
生年月日	1964 年　02 月　02 日生　　民族　　キン族
役職名	
出身地	クアンナム省
2021 年 1 月	党中央執行委員会委員
2022 年 11 月 21 日	逝去

1.4.63

名前（カタカナ）	グエン　ヴァン　フン
名前（越・英）	NGUYỄN VĂN HÙNG（NGUYEN VAN HUNG）
生年月日	1961 年　04 月　20 日生　　民族　　キン族
役職名	党中央委員、文化スポーツ観光省大臣
出身地	クアンチー省

年	経歴
1982 年 12 月	共産党入党
2015 年 1 月〜10 月	クアンチー省党委副書記
2015 年〜2020 年	クアンチー省党委書記
2016 年 1 月	第 XII 回党大会党中央執行委員会委員
2020 年〜2021 年	文化スポーツ観光省副大臣
2021 年 1 月	党中央執行委員会委員
2021 年〜現在	文化スポーツ観光省大臣
現在	党中央執行委員会委員、文化スポーツ観光省大臣

1.4.64

名前（カタカナ）	ドー　チョン　フン
名前（越・英）	ĐỖ TRỌNG HƯNG（DO TRONG HUNG）
生年月日	1971 年　12 月　05 日生　　民族　　キン族
役職名	党中央委員、中央組織委員会副委員長（新任）
出身地	タインホア省

年	経歴
1992 年 6 月	共産党入党
2010 年〜2015 年	タインホア省宣伝教育局局長
2015 年〜2020 年	タインホア省党委常任副書記
2020 年〜2024 年 10 月	タインホア省党委書記　兼　同省人民評議会議長
2021 年 1 月	党中央執行委員会委員
2024 年 9 月	中央組織委員会副委員長
現在	党中央執行委員会委員、中央組織委員会副委員長

1.4.65

名前（カタカナ）	レ　ミン　フン			
名前（越・英）	LÊ MINH HƯNG（LE MINH HUNG）			
生年月日	1970 年 12 月 11 日生		民族	キン族
役職名	政治局員、書記局員、中央組織委員会委員長（新任）			
出身地	ハーティン省			
年	経歴			
2000 年 8 月	共産党入党			
1993 年～1998 年	ベトナム国家銀行専門家			
1998 年～2002 年	アジア開発銀行部長			
2002 年～2011 年	ベトナム国家銀行国際協力部長			
2011 年～2014 年	ベトナム国家銀行副総裁			
2014 年～2016 年	党中央事務局副局長			
2016 年 1 月	第 XII 回党大会党中央執行委員会委員			
2016 年～2020 年	ベトナム国家銀行総裁			
2021 年 1 月	書記局員			
2020 年～現在	中央党事務局局長			
2024 年 5 月	政治局員、中央組織委員会委員長			
現在	政治局員、書記局員、中央組織委員会委員長			

1.4.66

名前（カタカナ）	チャン　ティエン　フン			
名前（越・英）	TRẦN TIẾN HƯNG（TRAN TIEN HUNG）			
生年月日	1976 年 03 月 08 日生		民族	キン族
役職名	党中央委員、党中央監査委員会副委員長			
出身地	ハーティン省			
年	経歴			
1997 年 11 月	共産党入党			
2016 年～2019 年	党中央委員会副監査委員長			
2019 年～2021 年	ハーティン省人民委員会委員長　兼　同省党委副書記			
2021 年 1 月	党中央執行委員会委員			
2021 年～現在	党中央監査委員会副委員長			
現在	党中央執行委員会委員、党中央監査委員会副委員長			

52　改訂2版　ベトナム国家最高指導者　2021〜2026

1.4.67

名前（カタカナ）	レ　クアン　フイ		
名前（越・英）	LÊ QUANG HUY （LE QUANG HUY）		
生年月日	1966 年 09 月 19 日生	民族	キン族
役職名	党中央委員、国会科学技術環境委員長		
出身地	ハノイ市		
年	経歴		
1999 年 9 月	共産党入党		
2007 年〜2011 年	国会科学技術環境常任委員		
2011 年〜2014 年	国会科学技術環境副委員長		
2014 年〜2017 年	ゲーアン省党委副書記		
2017 年〜2021 年	国会科学技術環境副委員長		
2021 年 1 月	党中央執行委員会委員		
2021 年〜現在	国会科学技術環境委員長		
現在	党中央執行委員会委員、国会科学技術環境委員長		

1.4.68

名前（カタカナ）	ジエウ　クレ		
名前（越・英）	ĐIỂU K'RÉ （DIEU K'RE）		
生年月日	1968 年 08 月 09 日生	民族	ムノン族
役職名			
出身地	ダクノン省		
年	経歴		
1993 年 11 月	共産党入党		
2006 年 1 月	第 X 回党大会党中央執行委員会候補委員		
2011 年以前	ダクノン省ザーギア市党委書記		
2011 年 1 月	第 XI 回党大会党中央執行委員会候補委員		
2011 年〜2015 年	ダクノン省人民評議会議長		
2016 年 1 月	第 XII 回党大会党中央執行委員会委員		
2016 年〜2018 年	タイグエン指導委員会常任副委員長		
2018 年〜2021 年	党中央大衆工作委員会副委員長		
2021 年 1 月〜2023 年 8 月	党中央執行委員会委員		
2023 年 10 月	党中央執行委員会委員を解任された		

1.4.69

名前（カタカナ）	イ　タイン　ハー　ニエ　クダム		
名前（越・英）	Y THANH HÀ NIÊ KĐĂM（Y THANH HA NIE KDAM）		
生年月日	1973 年 12 月 23 日生	民族	エーデ族
役職名	党中央委員、国会民族委員長		
出身地	ダクラク省		
年	経歴		
2000 年 10 月	共産党入党		
2014 年〜2015 年	ダクラク省クムガ県党委書記		
2015 年〜2019 年	ダクラク省ブオンマトート市党委書記		
2016 年 1 月	第 XII 回党大会党中央執行委員会候補委員		
2019 年〜2021 年	中央企業セクター党書記		
2021 年 1 月	党中央執行委員会委員		
現在	党中央執行委員会委員、国会民族委員長		

1.4.70

名前（カタカナ）	レ　ミン　カイ		
名前（越・英）	LÊ MINH KHÁI（LE MINH KHAI）		
生年月日	1964 年 12 月 10 日生	民族	キン族
役職名			
出身地	バクリエウ省		
年	経歴		
1990 年 8 月	共産党入党		
2007 年〜2014 年	国家会計検査院副院長		
2014 年〜2015 年	バクリエウ省党委副書記　兼　同省人民委員会委員長		
2015 年〜2017 年	バクリエウ省党委書記		
2016 年 1 月	第 XII 回党大会党中央執行委員会委員		
2016 年〜2021 年	政府監査委員会委員長		
2021 年 1 月	書記局員		
2021 年 4 月〜2024 年 8 月	ベトナム社会主義共和国副首相		
2024 年 8 月	書記局員、党中央執行委員会委員、ベトナム社会主義共和国副首相を解任された		

1.4.71

名前（カタカナ）	グエン　ディン　カン		
名前（越・英）	NGUYỄN ĐÌNH KHANG（NGUYEN DINH KHANG）		
生年月日	1967 年　05 月　23 日生	民族	キン族
役職名	党中央委員、ベトナム労働総連盟会長		
出身地	バクニン省		
年	経歴		
1995 年 11 月	共産党入党		
2011 年〜2014 年	ベトナムケミカルコーポレーション社長		
2014 年〜2016 年	ハーザン省市党委副書記		
2016 年 1 月	第 XII 回党大会党中央執行委員会委員		
2016 年〜2019 年	ハーナム省市党委書記		
2019 年〜現在	ベトナム労働総連盟会長		
2021 年 1 月	党中央執行委員会委員		
現在	党中央執行委員会委員、ベトナム労働総連盟会長		

1.4.72

名前（カタカナ）	ダン　クオック　カイン		
名前（越・英）	ĐẶNG QUỐC KHÁNH（DANG QUOC KHANH）		
生年月日	1976 年　09 月　02 日生	民族	キン族
役職名			
出身地	ハーティン省		
年	経歴		
2002 年 9 月	共産党入党		
2010 年〜2013 年	ハーティン省ギースアン県党委書記		
2013 年〜2016 年	ハーティン省人民委員会副委員長		
2016 年 1 月	第 XII 回党大会党中央執行委員会委員候補		
2016 年〜2019 年	ハーティン省党委副書記　兼　同省人民委員会委員長		
2019 年〜2023 年	ハーザン省党委書記		
2021 年 1 月	党中央執行委員会委員		
2023 年 5 月〜2024 年 8 月	天然資源環境省大臣		
2024 年 8 月	国会議員、天然資源環境省大臣を解任された		

1.4.73

名前（カタカナ）	チャン　ヴィエト　コア		
名前（越・英）	TRẦN VIỆT KHOA（TRAN VIET KHOA）		
生年月日	1965 年　05　月　10　日生	民族	キン族
役職名	党中央委員、上将、国防学院学長		
出身地	ヴィンフック省		
年	経歴		
1985 年 6 月	共産党入党		
2011 年〜2013 年	第 1 軍団副司令官		
2013 年〜2015 年	少将、第 1 軍団司令官		
2015 年〜2016 年	国防学院副学長		
2016 年 1 月	第 XII 回党大会党中央執行委員会委員		
2016 年〜現在	国防学院学長		
2017 年	中将		
2021 年 1 月	党中央執行委員会委員		
現在	党中央執行委員会委員、国防学院学長		

1.4.74

名前（カタカナ）	グエン　スアン　キ		
名前（越・英）	NGUYỄN XUÂN KÝ（NGUYEN XUAN KY）		
生年月日	1972 年　07　月　10　日生	民族	キン族
役職名			
出身地	ナムディン省		
年	経歴		
1992 年 4 月	共産党入党		
2013 年〜2016 年	クアンニン省モンカイ市党委書記		
2016 年〜2018 年	クアンニン省人民評議会常任副議長		
2018 年〜2019 年	クアンニン省党委副書記		
2019 年〜2024 年 8 月	クアンニン省党委書記　兼　同省人民評議会議長		
2021 年 1 月	党中央執行委員会委員		
2024 年 8 月	クアンニン省党委書記、同省人民評議会議長を解任された		

1.4.75

名前（カタカナ）	チャウ　ヴァン　ラム		
名前（越・英）	CHÂU VĂN LÂM（CHAU VAN LAM）		
生年月日	1967 年 04 月 16 日生	民族	タイ族
役職名			
出身地	トゥエンクアン省		
年	経歴		
1995 年 1 月	共産党入党		
2001 年〜2004 年	トゥエンクアン省ナハング県党委書記　兼　同県人民評議会議長		
2005 年〜2011 年	トゥエンクアン省人民委員会副委員長		
2011 年〜2015 年	トゥエンクアン省党委副書記　兼　同省人民委員会委員長		
2015 年〜2024 年 8 月	トゥエンクアン省党委書記		
2016 年 1 月	第 XII 回党大会党中央執行委員会委員		
2021 年 1 月	党中央執行委員会委員		
2024 年 8 月	党中央委員、国会議員、トゥエンクアン省党委書記を解任された		

1.4.76

名前（カタカナ）	トー　ラム		
名前（越・英）	TÔ LÂM（TO LAM）		
生年月日	1957 年 07 月 10 日生	民族	キン族
役職名	ベトナム共産党中央委員会書記長（新任）		
出身地	フンイエン省		
年	経歴		
1981 年 8 月	共産党入党		
1979 年〜1988 年	公安省政治保安局幹部		
1988 年〜2006 年	公安省安全保障総局第 1 政治保護局		
2006 年〜2009 年	少将、公安省安全保障総局副局長		
2009 年 12 月	公安省所属第 1 安全保障総局副局		
2010 年 2 月〜7 月	公安省所属第 1 安全保障総局局長		
2010 年〜2016 年 3 月	人民公安中将、第 XI 回党中央執行委員会委員、公安省副大臣		
2019 年	人民公安大将		
2016 年 4 月〜2024 年 5 月	公安省大臣		
2024 年 5 月〜10 月	ベトナム社会主義共和国主席		
2024 年〜現在	ベトナム共産党中央委員会書記長		

1.4.77

名前（カタカナ）	ダオ　ホン　ラン			
名前（越・英）	ĐÀO HỒNG LAN（DAO HONG LAN）			
生年月日	1971 年 07 月 23 日生	民族	キン族	（女性）
役職名	党中央委員、保健省大臣			
出身地	ハイズオン省			
年	経歴			
2001 年 3 月	共産党入党			
1995 年～2014 年	労働傷病兵社会省			
2014 年～2018 年	労働傷病兵社会省副大臣			
2016 年 1 月	第 XII 回党大会党中央執行委員会候補委員			
2018 年～2020 年	バクニン省党委副書記			
2020 年～2022 年	バクニン省党委書記			
2021 年 1 月	党中央執行委員会委員			
現在	党中央執行委員会委員、保健省大臣			

1.4.78

名前（カタカナ）	ホアン　ティ　トウイ　ラン		
名前（越・英）	HOÀNG THỊ THÚY LAN（HOANG THI THUY LAN）		
生年月日	1966 年 05 月 06 日生	民族	キン族
役職名			
出身地	ヴィンフック省		
年	経歴		
1995 年 6 月	共産党入党		
2010 年以前	ベトナム青年連合会会長		
2010 年～2014 年	ヴィンフック党委監査委員会委員長、ヴィンフック党委常任委員会委員		
2014 年～2015 年	ヴィンフック省党委副書記		
2015 年～2024 年 3 月	ヴィンフック省党委書記　兼　同省人民評議会議長		
2016 年 1 月	第 XII 回党大会党中央執行委員会委員		
2021 年 1 月	党中央執行委員会委員		
2024 年 3 月	党から除名処分、国会議員の解任された		

1.4.79

名前（カタカナ）	ハウ　ア　レン			
名前（越・英）	HÀU A LÈNH（HAU A LENH）			
生年月日	1973 年　06 月　22 日生		民族	モン族
役職名	党中央委員、大臣、民族委員会委員長			
出身地	ラオカイ省			
年	経歴			
1994 年 1 月	共産党入党			
1995 年〜2000 年	国防省第 2 総局			
2000 年〜2001 年	ラオカイ省サパ県組織委員会委員			
2001 年〜2004 年	サパ県ホーチミン共産青年団書記			
2005 年〜2010 年	サパ県党委副書記兼同県人民委員会委員長、ラオカイ省人民評議会会議員			
2006 年 5 月	第 X 回党大会党中央執行委員会候補委員			
2010 年〜2015 年	サパ県党委書記			
2011 年 1 月	第 XI 回党大会党中央執行委員会候補委員			
2015 年 8 月〜9 月	ラオカイ省党委副書記			
2015 年〜2017 年	タイバク指導委員会常任副委員長			
2016 年 1 月	第 XII 回党大会党中央執行委員会委員			
2018 年〜2021 年	ベトナム祖国戦線中央委員会副委員長			
2021 年 1 月	党中央執行委員会委員			
2018 年〜現在	大臣、民族委員会委員長			
現在	党中央執行委員会委員、大臣、民族委員会委員長			

1.4.80

名前（カタカナ）	グエン　ホン　リン			
名前（越・英）	NGUYỄN HỒNG LĨNH（NGUYEN HONG LINH）			
生年月日	1964 年　08 月　27 日生		民族	キン族
役職名	党中央委員、ドンナイ省人民委員会委員長			
出身地	ロンアン省			
年	経歴			
1986 年 11 月	共産党入党			
1997 年〜2004 年	バリアブンタウ省ホーチミン共産青年団書記			
2004 年〜2008 年	バリアブンタウ省ロンディエン県党委書記			
2006 年 4 月	第 X 回党大会党中央執行委員会候補委員			
2008 年〜2010 年	バリアブンタウ省大衆工作委員会委員長			
2010 年〜2015 年	バリアブンタウ省党委副書記			
2011 年 1 月	第 XI 回党大会党中央執行委員会候補委員			
2015 年〜2020 年	バリアブンタウ省党委書記　兼　同省人民評議会議長			
2016 年 1 月	第 XII 回党大会党中央執行委員会委員			
2020 年〜現在	ベトナム祖国戦線中央委員会副委員長			
2021 年 1 月	党中央執行委員会委員			
現在	党中央執行委員会委員、ドンナイ省人民委員会委員長			

1.4.81

名前（カタカナ）	グエン　ヴァン　ロイ		
名前（越・英）	NGUYỄN VĂN LỢI （NGUYEN VAN LOI）		
生年月日	1961 年　08　月　23　日生	民族	キン族
役職名	党中央委員、ビンズン省党委書記		
出身地	ホーチミン市		
年	経歴		
1981 年 4 月	共産党入党		
2001 年～2004 年	ビンフォック省ドンソアイ市党委書記		
2004 年～2008 年	ビンフォック党委常任委員会委員		
2008 年～2014 年	ビンフォック省人民委員会副委員長		
2014 年～2015 年	ビンフォック省党委常任副書記		
2015 年～2021 年	ビンフォック省党委書記		
2016 年 1 月	第 XII 回党大会党中央執行委員会委員		
2021 年 1 月	党中央執行委員会委員		
2021 年 7 月～現在	ビンフズン省党委書記		
現在	党中央執行委員会委員、ビンフズン省党委書記		

1.4.82

名前（カタカナ）	レ　タイン　ロン		
名前（越・英）	LÊ THÀNH LONG （LE THANH LONG）		
生年月日	1963 年　09　月　23　日生	民族	キン族
役職名	党中央委員、ベトナム社会主義共和国副首相（新任）		
出身地	タインホア省		
年	経歴		
1991 年 4 月	共産党入党		
1987 年～2011 年	司法省		
2011 年～2014 年	司法省副大臣		
2014 年～2015 年	ハーティン省党委副書記		
2015 年～2016 年	司法省副大臣		
2016 年～2024 年 6 月	司法省大臣		
2016 年 1 月	第 XII 回党大会党中央執行委員会委員		
2021 年 1 月	党中央執行委員会委員		
2024 年 6 月	ベトナム社会主義共和国副首相		
現在	党中央執行委員会委員、ベトナム社会主義共和国副首相		

1.4.83

名前（カタカナ）	グエン　タイン　ロン		
名前（越・英）	NGUYỄN THANH LONG （NGUYEN THANH LONG）		
生年月日	1966 年 09 月 03 日生	民族	キン族
役職名			
出身地	ナムディン省		
2021 年 1 月	党中央執行委員会委員		
現在	2022 年 6 月 6 日に党から除名された		

1.4.84

名前（カタカナ）	ヴォー　ミン　ルオン		
名前（越・英）	VÕ MINH LƯƠNG （VO MINH LUONG）		
生年月日	1963 年 05 月 16 日生	民族	キン族
役職名	党中央委員、上将、国防省副大臣		
出身地	クアンビン省		
年	経歴		
2011 年以前	第 7 軍管区師第 5 師団師団長		
2011 年〜2015 年	少将、第 7 軍管区副司令官　兼　参謀長		
2015 年〜2020 年	中将、第 7 軍管区司令官		
2016 年 1 月	第 XII 回党大会党中央執行委員会委員		
2020 年〜現在	国防省副大臣		
2021 年	上将		
2021 年 1 月	党中央執行委員会委員		
現在	党中央執行委員会委員、国防省副大臣		

1.4.85

名前（カタカナ）	レ　チュオン　ルー		
名前（越・英）	LÊ TRƯỜNG LƯU （LE TRUONG LUU）		
生年月日	1963 年 01 月 23 日生	民族	キン族
役職名	党中央委員、トゥアティエンフエ省党委書記　兼　同省人民評議会議長		
出身地	トゥアティエンフエ省		
年	経歴		
1992 年 6 月	共産党入党		
1990 年〜1999 年	専門家、財務経済部副部長、トゥアティエンフエ省予算管理部副部長その後部長		
2010 年〜2014 年	トゥアティエンフエ省人民委員会副委員長　兼　同省党委副書記		
2014 年〜2015 年	トゥアティエンフエ省党委副書記　兼　同省人民評議会議長		
2015 年〜現在	トゥアティエンフエ省党委書記　兼　同省人民評議会議長		
2016 年 1 月	第 XII 回党大会党中央執行委員会委員		
2021 年 1 月	党中央執行委員会委員		
現在	党中央執行委員会委員、トゥアティエンフエ省党委書記兼同省人民評議会議長		

1.4.86

名前（カタカナ）	チュオン ティ マイ		
名前（越・英）	TRƯƠNG THỊ MAI（TRUONG THI MAI）		
生年月日	1958 年 01 月 23 日生	民族	キン族 （女性）
役職名			
出身地	クアンビン省		
年	経歴		
1985 年 10 月	共産党入党		
1994 年〜2002 年	ホーチミン共産青年同盟中央委員会書記		
1997 年 7 月〜現在	国会代表		
1998 年〜2003 年	ベトナム青年連合会会長		
2002 年〜2007 年	国会文化教育青少年児童委員会副委員長		
2006 年−2011 年	XI 回党大会党中央執行委員会委員		
2006 年〜2016 年	第 X、XI 回党大会党中央執行委員会委員		
2007 年〜2012 年	国会常務委員会委員、国会社会問題委員会委員長		
2016 年〜2021 年	政治局員、党中央大衆工作委員会委員長		
2021 年 1 月	政治局員		
2021 年〜2024 年 5 月	中央組織委員会委員長		
2024 年 5 月	政治局員、書記委員、中央組織委員会委員長、国会議員を解任された。		

1.4.87

名前（カタカナ）	ファン ヴァン マイ		
名前（越・英）	PHAN VĂN MÃI（PHAN VAN MAI）		
生年月日	1973 年 02 月 25 日生	民族	キン族
役職名	党中央委員、ホーチミン市党委常任副書記 兼 同市人民委員会会長		
出身地	ベンチェー省		
年	経歴		
1997 年 8 月	共産党入党		
2008 年〜2011 年	ホーチミン共産青年団中央委員会書記		
2011 年〜2014 年	ホーチミン共産青年団中央委員会常任書記		
2014 年〜2015 年	ベンチェー省党委副書記		
2015 年〜2019 年	ベンチェー省党委常任副書記		
2016 年 1 月	第 XII 回党大会党中央執行委員会委員		
2019 年〜2021 年	ベンチェー省党委書記 兼 同省人民評議会議長		
2021 年 1 月	党中央執行委員会委員		
2021 年〜現在	ホーチミン市党委常任副書記 兼 同市人民委員会会長		
現在	党中央執行委員会委員、ホーチミン市党委常任副書記兼同市人民委員会会長		

1.4.88

名前（カタカナ）	ラン　ヴァン　マン			
名前（越・英）	LÂM VĂN MẪN （LAM VAN MAN）			
生年月日	1970 年 12 月 10 日生	民族		クメール族
役職名	党中央委員、ソクチャン省党委書記			
出身地	ソクチャン省			
年	経歴			
1998 年 4 月	共産党入党			
2010 年〜2012 年	ソクチャン省チャウタイン県党委書記			
2011 年 1 月	第 XI 回党大会党中央執行委員会候補委員			
2012 年〜2015 年	ソクチャン省人民委員会副委員長			
2015 年〜2020 年	ソクチャン省党委副書記			
2016 年 1 月	第 XII 回党大会党中央執行委員会委員候補			
2020 年〜2021 年	ソクチャン省党委書記　兼　同省人民評議会議長			
2021 年 1 月	党中央執行委員会委員			
現在	党中央執行委員会委員、ソクチャン省党委書記			

1.4.89

名前（カタカナ）	チャン　タイン　マン			
名前（越・英）	TRẦN THANH MẪN （TRAN THANH MAN）			
生年月日	1962 年 08 月 12 日生	民族		キン族
役職名	政治局員、ベトナム社会主義共和国国会議長（新任）			
出身地	ハウザン省			
年	経歴			
1982 年 8 月	共産党入党			
1992 年〜1994 年	カントー省ホーチミン共産青年団書記			
1994 年〜1999 年	カントー省人民委員会事務局書記			
1999 年〜2003 年	カントー市人民委員会委員			
2004 年〜2008 年	カントー市ビントゥイ区党委書記			
2008 年〜2010 年	同市党委副書記　兼　人民委員会委員長			
2011 年 1 月	第 XI 回党大会党中央執行委員会委員			
2011 年〜2015 年	同市党委書記			
2016 年 1 月	第 XII 回党大会党中央執行委員会委員			
2016 年〜2017 年 6 月	ベトナム祖国戦線中央委員会副委員長			
2017 年 7 月〜2021 年	ベトナム祖国戦線中央委員会委員長			
2021 年 2 月	政治局員			
2021 年〜2024 年 5 月	ベトナム社会主義共和国国会常任副議長			
2024 年 5 月	ベトナム社会主義共和国国会議長			
現在	政政治局員、ベトナム社会主義共和国国会議長			

1.4.90

名前（カタカナ）	レ　クアン　マイン			
名前（越・英）	LÊ QUANG MẠNH（LE QUANG MANH）			
生年月日	1974 年　04　月　14　日生	民族		キン族
役職名	党中央委員、国会常務委員会委員、国会財政・予算委員会委員長			
出身地	ハノイ市			
年	経歴			
2001 年 10 月	共産党入党			
1997 年〜2018 年	計画投資省			
2018 年〜2019 年	計画投資省副大臣			
2019 年〜2020 年	カントー市党委副書記　兼　同市人民委員会委員長			
2020 年〜2023 年	カントー市党委書記			
2021 年 1 月	党中央執行委員会委員			
2023 年 5 月	国会常務委員会委員、国会財政・予算委員会委員長			
現在	党中央執行委員会委員、国会常務委員会委員、国会財政・予算委員会委員長			

1.4.91

名前（カタカナ）	チャウ　ヴァン　ミン			
名前（越・英）	CHÂU VĂN MINH（CHAU VAN MINH）			
生年月日	1961 年　02　月　11　日生	民族		キン族
役職名	党中央委員、ベトナム科学技術院院長			
出身地	トゥアティエンフエ省			
年	経歴			
1996 年 11 月	共産党入党			
2007 年以前	ベトナム科学技術院			
2007 年〜2008 年	ベトナム科学技術院副院長			
2008 年〜現在	ベトナム科学技術院院長			
2016 年 1 月	第 XII 回党大会党中央執行委員会委員			
2021 年 1 月	党中央執行委員会委員			
現在	党中央執行委員会委員、ベトナム科学技術院院長			

1.4.92

名前（カタカナ）	レ　クオック　ミン		
名前（越・英）	LÊ QUỐC MINH　（LE QUOC MINH）		
生年月日	1969 年　12 月　01 日生	民族	キン族
役職名	党中央委員、ニャンザン新聞党委書記、編集長		
出身地	ゲーアン省		
年	経歴		
2002 年 5 月	共産党入党		
2008 年〜2017 年	VietnamPlus 電子新聞編集長		
20017 年〜2020 年	ベトナム通信社副社長		
2020 年〜2021 年	ベトナム通信社副社長　兼　同社党委書記		
2021 年 1 月	党中央執行委員会委員		
2021 年〜現在	ニャンザン紙編集長		
現在	党中央執行委員会委員、ニャンザン新聞党委書記、編集長		

1.4.93

名前（カタカナ）	ファム　ビン　ミン	
名前（越・英）	PHẠM BÌNH MINH　（PHAM BINH MINH）	
生年月日	1959 年　03 月　26 日生　　　民族　　　キン族	
役職名		
出身地	ナムディン省	
年	経歴	
2021 年〜2023 年 1 月	ベトナム社会主義共和国常任副首相	
2023 年 1 月	ベトナム社会主義共和国副首相を罷免された	

1.4.94

名前（カタカナ）	チャン　ホン　ミン		
名前（越・英）	TRẦN HỒNG MINH　（TRAN HONG MINH）		
生年月日	1967 年　11 月　04 日生	民族	キン族
役職名	党中央委員、交通運輸省大臣（新任）		
出身地	ハノイ市		
年	経歴		
2014 年 12 月	少将		
2016 年〜2017 年	第 1 軍管区副司令官		
2017 年 9 月〜12 月	少将、第 1 軍管区副司令官　兼　参謀長		
2018 年〜2019 年	中将、第 1 軍管区司令官		
2019 年〜2021 年	工業国防総局主任		
2021 年 1 月	党中央執行委員会委員		
2021 年 1 月〜2024 年 11 月	カオバン省党委書記		
2024 年 11 月	交通運輸省大臣		
現在	党中央執行委員会委員、交通運輸省大臣		

1.4.95

名前（カタカナ）	ライ　スアン　モン			
名前（越・英）	LẠI XUÂN MÔN （LAI XUAN MON）			
生年月日	1963 年 11 月 29 日生		民族	キン族
役職名	党中央委員、中央宣伝教育委員会常任副委員長			
出身地	ナムディン省			
年	経歴			
1984 年 1 月	共産党入党			
2001 年〜2012 年	ベトナム農民協会中央委員会			
2012 年〜2015 年	ベトナム農民連合会副会長、同会党委常任委員会委員			
2016 年〜2017 年	ベトナム農民連合会会長			
2016 年 1 月	第 XII 回党大会党中央執行委員会委員			
2017 年〜2021 年	カオバン省党委書記			
2021 年 1 月	党中央執行委員会委員			
現在	党中央執行委員会委員、中央宣伝教育委員会常任副委員長			

1.4.96

名前（カタカナ）	ザン　パオ　ミー			
名前（越・英）	GIÀNG PÁO MỶ （GIANG PAO MY）			
生年月日	1963 年 12 月 22 日生		民族	モン族　（女性）
役職名	党中央委員、ライチャウ省党委書記　兼　同省人民評議会議長			
出身地	ライチャウ省			
年	経歴			
1998 年 11 月	共産党入党			
2002 年〜2004 年	ライチャウ省タムドオン県人民評議会議長			
2004 年〜2008 年	ライチャウ省人民評議会会副議長			
2008 年〜2015 年	ライチャウ省人民評議会議長			
2015 年〜2018 年	ライチャウ省人民評議会議長　兼　同省党委常任副書記			
2016 年 1 月	第 XII 回党大会党中央執行委員会委員			
2018 年〜現在	ライチャウ省党委書記　兼　同省人民評議会議長			
2021 年 1 月	党中央執行委員会委員			
現在	党中央執行委員会委員、ライチャウ省党委書記　兼　同省人民評議会議長			

1.4.97

名前（カタカナ）	ファム　ホアイ　ナム			
名前（越・英）	PHẠM HOÀI NAM（PHAM HOAI NAM）			
生年月日	1967 年　02 月　21 日生		民族	キン族
役職名	党中央委員、上将、国防省副大臣			
出身地	ビンディン省			
年	経歴			
2009 年	国防省ベトナム人民海軍第 4 地区副司令官　兼　参謀長			
2011 年 1 月	第 XI 回党大会党中央執行委員会委員候補			
2012 年〜2014 年	国防省ベトナム人民海軍第 4 地区司令官			
2014 年	少将			
2014 年〜2015 年	ベトナム人民海軍副司令官			
2015 年〜2020 年	ベトナム人民海軍司令官			
2016 年 1 月	第 XII 回党大会党中央執行委員会委員			
2020 年〜現在	国防省副大臣			
2021 年 1 月	党中央執行委員会委員			
2021 年 11 月	上将			
現在	党中央執行委員会委員、国防省副大臣			

1.4.98

名前（カタカナ）	チャン　ヴァン　ナム			
名前（越・英）	TRẦN VĂN NAM（TRAN VAN NAM）			
生年月日	1963 年　08 月　30 日生		民族	キン族
役職名				
出身地	ビンズオン省			
年	経歴			
2016 年 1 月	第 XII 回党大会党中央執行委員会委員			
2021 年 1 月	党中央執行委員会委員			
現在	2021 年 7 月に 2010〜2015 年、2015〜2020 年、2020〜2025 年の党任期中のすべての役職を解任され、党から除名された			

1.4.99

名前（カタカナ）	グエン　ヴァン　ネン		
名前（越・英）	NGUYỄN VĂN NÊN（NGUYEN VAN NEN）		
生年月日	1957 年 07 月 14 日生	民族	キン族
役職名	政治局員、ホーチミン市党委書記		
出身地	タイニン省		
年	経歴		
1978 年 12 月	共産党入党		
1989 年～1991 年	タイニン省ゴザウ県公安局長		
1992 年～1996 年	タイニン省ゴザウ県党委常任副書記		
1996 年～1999 年	タイニン省ゴザウ県党委書記		
1999 年～2006 年	同省組織委員会委員長		
2006 年～2010 年	同省人民委員会委員長　兼　同省党委副書記		
2010 年～2011 年	同省党委書記		
2011 年 1 月	第 XI 回党大会党中央執行委員会委員		
2011 年～2013 年	中部高原地帯タイグエン地方指導委員会副常任委員長		
2013 年 3 月	党中央宣伝教育委員会副委員長		
2013 年	大臣、政府事務局の主任		
2016 年 1 月	第 XII 回党大会党中央執行委員会委員、　党中央委事務局局長		
2020 年～現在	ホーチミン市党委書記		
2021 年 1 月	政治局員		
現在	政治局員、ホーチミン市党委書記		

1.4.100

名前（カタカナ）	ハー　ティ　ガ		
名前（越・英）	HÀ THỊ NGA（HA THI NGA）		
生年月日	1969 年 02 月 20 日生	民族	タイ族　（女性）
役職名	党中央委員、トゥエンクアン省党委書記（新任）		
出身地	ホアビン省		
年	経歴		
1995 年 3 月	共産党入党		
2011 年～2014 年	ラオカイ省人民委員会副委員長		
2014 年～2015 年	ラオカイ省ムオンクオン県党委書記		
2015 年～2020 年	ラオカイ省党委副書記		
2020 年～2024 年 10 月	ベトナム女性連合会会長		
2021 年 1 月	党中央執行委員会委員		
2024 年 10 月	トゥエンクアン省党委書記		
現在	党中央執行委員会委員、トゥエンクアン省党委書記		

68　改訂2版　ベトナム国家最高指導者　2021〜2026

1.4.101

名前（カタカナ）	レ　ティ　ガ			
名前（越・英）	LÊ THỊ NGA（LE THI NGA）			
生年月日	1964 年　12 月　20 日生	民族	キン族	（女性）
役職名	党中央委員、国会司法委員会委員長			
出身地	ハーティン省			
年	経歴			
1990 年 11 月	共産党入党			
1997 年〜2003 年	国会法律委員会委員			
2003 年〜2005 年	ベトナム主席法律部長			
2005 年〜2007 年	国会法律委員会常任委員			
2007 年〜2016 年	国会司法委員会副委員長			
2016 年〜2021 年	国会司法委員会委員長			
2016 年 1 月	第 XII 回党大会党中央執行委員会委員			
2016 年〜現在	国会司法委員会委員長			
2021 年 1 月	党中央執行委員会委員			
現在	党中央執行委員会委員、国会司法委員会委員長			

1.4.102

名前（カタカナ）	グエン　タイン　ギー		
名前（越・英）	NGUYỄN THANH NGHỊ（NGUYEN THANH NGHI）		
生年月日	1976 年　08 月　12 日生	民族	キン族
役職名	党中央委員、建設省大臣		
出身地	カーマウ省		
年	経歴		
1991 年 1 月	共産党入党		
1999 年〜2008 年	ホーチミン建築大学教授		
2008 年〜2011 年	ホーチミン建築大学副学長		
2011 年 1 月	第 XI 回党大会党中央執行委員会委員候補		
2011 年〜2014 年	建設省副大臣		
2014 年〜2015 年	キエンザン省党委副書記　兼　同省人民委員会副委員長		
2015 年〜2020 年	キエンザン省党委書記		
2016 年 1 月	第 XII 回党大会党中央執行委員会委員		
2020 年〜2021 年	建設省副大臣		
2021 年 1 月	党中央執行委員会委員		
2021 年〜現在	建設省大臣		
現在	党中央執行委員会委員、建設省大臣		

1.4.103

名前（カタカナ）	グエン フウ ギア		
名前（越・英）	NGUYỄN HỮU NGHĨA （NGUYEN HUU NGHIA）		
生年月日	1972 年 03 月 13 日生	民族	キン族
役職名	党中央委員、フンイエン省人民委員会委員長		
出身地	ハノイ市		
年	経歴		
1999 年 3 月	共産党入党		
2018 年以前	銀行監査・観察役		
2018 年〜2019 年	中央経済委員会委員		
2019 年〜2021 年	中央経済委員会副委員長		
2021 年 1 月	党中央執行委員会委員		
2021 年 6 月〜現在	フンイエン省人民委員会委員長		
現在	党中央執行委員会委員、フンイエン省人民委員会委員長		

1.4.104

名前（カタカナ）	グエン チョン ギア		
名前（越・英）	NGUYỄN TRỌNG NGHĨA （NGUYEN TRONG NGHIA）		
生年月日	1962 年 03 月 06 日生	民族	キン族
役職名	政治局員、書記局員、中央宣伝教育委員会委員長		
出身地	ティエンザン省		
年	経歴		
1982 年 8 月	共産党入党		
2009 年〜2010 年	第 7 軍管区政治副主任		
2010 年〜2012 年	少将、第 4 軍団党委員会書記		
2012 年〜2021 年	国防省政治総局副局長		
2013 年	中将		
2016 年 1 月	第 XII 回党大会党中央執行委員会委員		
2017 年	上将		
2021 年 1 月	書記局員		
2021 年〜現在	中央宣伝教育委員会委員長		
2024 年 5 月	政治局員		
現在	政治局員、書記局員、中央宣伝教育委員会委員長		

1.4.105

名前（カタカナ）	ブイ　ヴァン　ギエム			
名前（越・英）	BÙI VĂN NGHIÊM（BUI VAN NGHIEM）			
生年月日	1966 年 11 月 18 日生		民族	キン族
役職名	党中央委員、ヴィンロン省党委書記　兼　同省人民評議会議長			
出身地	ヴィンロン省			
年	経歴			
1987 年 9 月	共産党入党			
2004 年〜2010 年	ヴィンロン省ブンリエム県人民委員会副委員長			
2010 年〜2013 年	ヴィンロン省ブンリエム県人民委員会委員長			
2014 年〜2016 年	ヴィンロン省ブンリエム県党委書記			
2016 年〜2019 年	ヴィンロン省人民評議会会副議長			
2019 年〜2021 年	ヴィンロン省党委副書記　兼　同省人民評議会議長			
2021 年 1 月	党中央執行委員会委員			
現在	党中央執行委員会委員、ヴィンロン省党委書記　兼　同省人民評議会議長			

1.4.106

名前（カタカナ）	チャン　タイン　ギエム			
名前（越・英）	TRẦN THANH NGHIÊM（TRAN THANH NGHIEM）			
生年月日	1970 年 09 月 19 日生		民族	キン族
役職名	党中央委員、提督、ベトナム人民海軍司令官			
出身地	ハーナム省			
年	経歴			
2019 年以前	国防省ベトナム人民海軍第 4 地区司令官			
2019 年〜2020 年	ベトナム人民海軍副司令官　兼　参謀長			
2020 年〜現在	提督、ベトナム人民海軍司令官			
2021 年 1 月	党中央執行委員会委員			
現在	党中央執行委員会委員、提督、ベトナム人民海軍司令官			

1.4.107

名前（カタカナ）	グエン　ズイ　ゴック		
名前（越・英）	NGUYỄN DUY NGỌC（NGUYEN DUY NGOC）		
生年月日	1964 年生	民族	キン族
役職名	書記局員、党中央事務局局長（新任）		
出身地	フンイエン省		
年	経歴		
1986 年 11 月	共産党入党		
2013 年～2014 年	大佐、ハノイ市公安局副局長		
2016 年～2018 年	警察総局副局長		
2017 年	少将		
2019 年～2024 年 6 月	公安省副大臣		
2021 年	中将		
2021 年 1 月	党中央執行委員会委員		
2023 年 12 月	上将		
2024 年 6 月	党中央事務局局長		
2024 年 8 月	書記局員		
現在	党中央執行委員会委員、書記局員、党中央事務局局長		

1.4.108

名前（カタカナ）	グエン　クアン　ゴック		
名前（越・英）	NGUYỄN QUANG NGỌC（NGUYEN QUANG NGOC）		
生年月日	1968 年 09 月 28 日生	民族	キン族
役職名	党中央委員、中将、第 3 軍管区司令官		
出身地	ナムディン省		
年	経歴		
1988 年 6 月	共産党入党		
2016 年以前	ナムディン省軍事指揮部指揮長		
2016 年～2019 年	第 3 軍管区副司令官　兼　参謀長		
2017 年	少将		
2020 年～現在	第 3 軍管区司令官		
2021 年 1 月	党中央執行委員会委員		
現在	党中央執行委員会委員、第 3 軍管区司令官		

1.4.109

名前（カタカナ）	タイ　ダイ　ゴック		
名前（越・英）	THÁI ĐẠI NGỌC （THAI DAI NGOC）		
生年月日	1966 年 01 月 01 日生	民族	キン族
役職名	党中央委員、中将、第5軍管区司令官		
出身地	ダナン市		
年	経歴		
2016 年以前	ダクノン省軍事指揮部指揮長		
2016 年～2018 年	少将、第5軍管区副司令官		
2018 年6月～11 月	少将、第5軍管区副司令官　兼　参謀長		
2018 年～2020 年	総参謀部作戦局局長		
2020 年～現在	中将、第5軍管区司令官		
2021 年1月	党中央執行委員会委員		
現在	党中央執行委員会委員、第5軍管区司令官		

1.4.110

名前（カタカナ）	ホー　ヴァン　ニエン		
名前（越・英）	HỒ VĂN NIÊN （HO VAN NIEN）		
生年月日	1975 年 10 月 15 日生	民族	バナ族
役職名	党中央委員、ザーライ省党委書記　兼　同省人民評議会議長		
出身地	ザーライ省		
年	経歴		
2000 年8月	共産党入党		
2010 年～2013 年	ザーライ省ダクポー県党委書記		
2013 年～2015 年	ザーライ省内政局局長		
2015 年～2020 年	ザーライ省党委常任副書記		
2016 年1月	第 XII 回党大会党中央執行委員会委員候補		
2020 年～現在	ザーライ省党委書記		
2021 年1月	党中央執行委員会委員		
現在	党中央執行委員会委員、ザーライ省党委書記　兼　同省人民評議会議長		

1.4.111

名前（カタカナ）	グエン　ハイ　ニン			
名前（越・英）	NGUYỄN HẢI NINH（NGUYEN HAI NINH）			
生年月日	1976 年　01 月　24 日生	民族		キン族
役職名	党中央委員、司法省大臣（新任）			
出身地	フンイエン省			
年	経歴			
1998 年 3 月	共産党入党			
2006 年	中央内政局			
2007 年～2012 年	党中央事務局法律及び司法改革部副部長			
2013 年	党中央事務局秘書、部長			
2014 年～2019 年	ダクラク省人民委員会副委員長			
2016 年 1 月	第 XII 回党大会党中央執行委員会委員候補			
2019 年～2021 年	党中央事務局副局長			
2021 年 1 月	党中央執行委員会委員			
2021 年～2024 年 8 月	カインホア省党委書記			
2024 年 8 月	司法省大臣			
現在	党中央執行委員会委員、司法省大臣			

1.4.112

名前（カタカナ）	ホー　ドゥック　フォク			
名前（越・英）	HỒ ĐỨC PHỚC（HO DUC PHOC）			
生年月日	1963 年　11 月　01 日生	民族		キン族
役職名	党中央委員、ベトナム社会主義共和国副首相（新任）			
出身地	ゲーアン省			
年	経歴			
1993 年 7 月	共産党入党			
2004 年～2007 年	ゲーアン省クアロ市党委副書記　兼　同市人民委員会委員長			
2007 年～2010 年	ゲーアン省人民委員会副委員長			
2010 年～2013 年	ゲーアン省党委副書記　兼　同省人民委員会委員長			
2013 年～2015 年	ゲーアン省党委書記			
2016 年 1 月	第 XII 回党大会党中央執行委員会委員			
2016 年～2021 年	国家会計検査院院長			
2021 年 1 月	党中央執行委員会委員			
2021 年～2024 年 8 月	財政省大臣			
2024 年 8 月	ベトナム社会主義共和国副首相			
現在	党中央執行委員会委員、ベトナム社会主義共和国副首相			

1.4.113

名前（カタカナ）	ダン　スアン　フォン		
名前（越・英）	ĐẶNG XUÂN PHONG （DANG XUAN PHONG）		
生年月日	1972 年　07 月　08 日生	民族	キン族
役職名	党中央委員、ラオカイ省党委書記		
出身地	ヴィンフック省		
年	経歴		
1999 年 2 月	共産党入党		
2010 年〜2014 年	ラオカイ省計画投資局局長		
2015 年〜2020 年	ラオカイ省党委副書記　兼　同省人民委員会委員長		
2020 年〜2021 年	ラオカイ省党委書記　兼　同省人民評議会議長		
2021 年 1 月	党中央執行委員会委員		
現在	党中央執行委員会委員、ラオカイ省党委書記		

1.4.114

名前（カタカナ）	ドアン　ホン　フォン		
名前（越・英）	ĐOÀN HỒNG PHONG （DOAN HONG PHONG）		
生年月日	1963 年　01 月　02 日生	民族	キン族
役職名	党中央委員、政府監査委員会委員長		
出身地	ナムディン省		
年	経歴		
1993 年 12 月	共産党入党		
2003 年〜2008 年	ナムディン省財政局局長		
2008 年〜2009 年	ナムディン省イエン県党委書記		
2009 年〜2014 年	ナムディン省人民委員会副委員長		
2014 年〜2015 年	ナムディン省党委副書記　兼　同省人民委員会委員長		
2015 年〜2021 年	ナムディン省党委書記		
2016 年 1 月	第 XII 回党大会党中央執行委員会委員		
2021 年 1 月	党中央執行委員会委員		
2021 年〜現在	政府監査委員会委員長		
現在	党中央執行委員会委員、政府監査委員会委員長		

1.4.115

名前（カタカナ）	レ　クオック　フォン		
名前（越・英）	LÊ QUỐC PHONG（LE QUOC PHONG）		
生年月日	1978 年　05　月　03　日生	民族	キン族
役職名	党中央委員、ドンタップ省党委書記		
出身地	ハノイ市		
年	経歴		
2000 年 5 月	共産党入党		
2012 年～2016 年	ホーチミン市ホーチミン共産青年団書記		
2016 年～2020 年	ホーチミン共産青年団中央第一書記		
2016 年 1 月	第 XII 回党大会党中央執行委員会委員候補		
2016～2020 年	ベトナム青年協会会長		
2020 年～現在	ドンタップ省党委書記		
2021 年 1 月	党中央執行委員会委員		
現在	党中央執行委員会委員、ドンタップ省党委書記		

1.4.116

名前（カタカナ）	グエン　タイン　フォン		
名前（越・英）	NGUYỄN THÀNH PHONG（NGUYEN THANH PHONG）		
生年月日	1962 年　07　月　18　日生	民族	キン族
役職名			
出身地	ベンチェー省		
2021 年 1 月	党中央執行委員会委員		
現在	2022 年 10 月に党中央執行委員会を解任された		

1.4.117

名前（カタカナ）	グエン　スアン　フック		
名前（越・英）	NGUYỄN XUÂN PHÚC（NGUYEN XUAN PHUC）		
生年月日	1954 年　07　月　20　日生　民族		キン族
役職名			
出身地	クアンナム省		
2021 年～2023 年 1 月	ベトナム社会主義共和国主席		
2023 年 1 月	解任		

1.4.118

名前（カタカナ）	チャン　クアン　フオン		
名前（越・英）	TRẦN QUANG PHƯƠNG（TRAN QUANG PHUONG）		
生年月日	1961 年　05　月　06　日生	民族	キン族
役職名	党中央委員、上将、ベトナム社会主義共和国国会副議長		
出身地	クアンガイ省		
年	経歴		
1986 年〜2005 年	第 5 軍管区		
2005 年〜2006 年	クアンガイ省軍事指揮部副指揮長		
2006 年〜2008 年	クアンガイ省軍事党委副書記		
2008 年〜2010 年	第 5 軍管区政治局副主任		
2010 年〜2011 年	第 5 軍管区政治局主任		
2011 年〜2019 年	第 5 軍管区党委書記　兼　同軍管区政治委員		
2011 年	少将		
2019 年	中将		
2016 年 1 月	第 XII 回党大会党中央執行委員会委員		
2019 年〜2021 年	上将、ベトナム人民軍政治総局副主任		
2021 年 1 月	党中央執行委員会委員		
現在	党中央執行委員会委員、ベトナム社会主義共和国国会副議長		

1.4.119

名前（カタカナ）	ブ　ハイ　クアン		
名前（越・英）	VŨ HẢI QUÂN（VU HAI QUAN）		
生年月日	1974 年　08　月　01　日生	民族	キン族
役職名	党中央委員、国家大学ホーチミン市校学長		
出身地	ニンビン省		
年	経歴		
2012 年 4 月	共産党入党		
2012 年〜2017 年	国家大学ホーチミン市校自然科学大学副学長		
2017 年〜2021 年	国家大学ホーチミン市校副学長		
2020 年〜現在	国家大学ホーチミン市校学長		
2021 年 1 月	党中央執行委員会委員		
現在	党中央執行委員会委員、国家大学ホーチミン市校学長		

1.4.120

名前（カタカナ）	チャン　ドゥック　クアン		
名前（越・英）	TRẦN ĐỨC QUẬN（TRAN DUC QUAN）		
生年月日	1967 年 01 月 01 日生	民族	キン族
役職名			
出身地	ダナン市		
年	経歴		
1989 年 6 月	共産党入党		
2004 年～2009 年	ラムドン省ダーフオアイ県党委書記		
2009 年～2010 年	ランドン省党委監査委員会常任副主任		
2010 年～2013 年	ランドン省党委宣伝教育局局長		
2013 年～2015 年	ラムドン省ダラット市党委書記		
2015 年～2020 年	ラムドン省党委常任副書記		
2020 年～2024 年 1 月	ラムドン省党委書記　兼　同省人民評議会議長		
2021 年 1 月	党中央執行委員会委員		
2024 年 4 月	ラムドン省党委書記、人民評議会議長を解任され、党から除名された		

1.4.121

名前（カタカナ）	ブイ　ニャット　クアン		
名前（越・英）	BÙI NHẬT QUANG（BUI NHAT QUANG）		
生年月日	1975 年 07 月 20 日生	民族	キン族
役職名			
出身地	ハノイ市		
2021 年 1 月	党中央執行委員会委員		
2022 年 10 月 3 日	党中央執行委員会委員を解任された		

1.4.122

名前（カタカナ）	ホアン　ダン　クアン		
名前（越・英）	HOÀNG ĐĂNG QUANG（HOANG　DANG QUANG）		
生年月日	1961 年 08 月 15 日生	民族	キン族
役職名	党中央委員、中央組織委員会副委員長		
出身地	クアンビン省		
年	経歴		
1992 年 6 月	共産党入党		
2010 年以前	クアンビン省党委組織委員会委員長		
2010 年～2015 年	クアンビン省党委常任副書記		
2015 年～2020 年	クアンビン省党委書記		
2016 年～2020 年	同省人民評議会議長		
2016 年 1 月	第 XII 回党大会党中央執行委員会委員		
2020 年～現在	中央組織委員会副委員長		
2021 年 1 月	党中央執行委員会委員		
現在	党中央執行委員会委員、中央組織委員会副委員長		

1.4.123

名前（カタカナ）	レ　ホン　クアン			
名前（越・英）	LÊ HỒNG QUANG （LE HONG QUANG）			
生年月日	1968 年 11 月 23 日生		民族	キン族
役職名	党中央委員、アンザン省党委書記			
出身地	キエンザン省			
年	経歴			
1997 年 3 月	共産党入党			
1998 年〜2013 年	最高人民裁判所審判官			
2008 年〜2014 年	人民裁判雑誌編集長			
2014 年 1 月〜3 月	最高人民裁判所副長官			
2014 年〜2015 年	ティエンザン省党委副書記			
2015 年〜2017 年	ティエンザン省党委常任副書記			
2016 年 1 月	第 XII 回党大会党中央執行委員会委員			
2017 年〜2021 年	ベトナム社会主義共和国最高人民裁判所副長官			
2021 年 1 月	党中央執行委員会委員			
2021 年〜現在	アンザン省党委書記			
現在	党中央執行委員会委員、アンザン省党委書記			

1.4.124

名前（カタカナ）	レ　ゴック　クアン			
名前（越・英）	LÊ NGỌC QUANG （LE NGOC QUANG）			
生年月日	1974 年 01 月 21 日生		民族	キン族
役職名	党中央委員、クアンビン省党委書記（新任）			
出身地	タインホア省			
年	経歴			
2002 年 9 月	共産党入党			
2019 年以前	ベトナム国営テレビニュース部部長			
2019 年〜2020 年	ベトナム国営テレビ（VTV）副社長			
2021 年〜現在	ベトナム国営テレビ（VTV）社長			
2021 年 1 月	党中央執行委員会委員			
2021 年 3 月〜2024 年 10 月	ベトナム国営テレビ（VTV）社長			
2024 年 10 月	クアンビン省党委書記			
現在	党中央執行委員会委員、クアンビン省党委書記			

1.4.125

名前（カタカナ）	ルオン　タム　クアン		
名前（越・英）	LƯƠNG TAM QUANG（LUONG TAM QUANG）		
生年月日	1965 年 10 月 17 日生	民族	キン族
役職名	政治局員、大将、公安省大臣（新任）		
出身地	フンイエン省		
年	経歴		
1988 年 11 月	共産党入党		
2012 年以前	公安省副大臣補佐		
2012 年～2017 年	公安省副事務局長		
2015 年	少将		
2017 年～2019 年	公安省事務局長		
2019 年～2024 年 6 月	中将、公安省副大臣		
2021 年 1 月	党中央執行委員会委員		
2022 年 1 月	上将		
2024 年 6 月	公安省大臣		
2024 年 8 月	政治局員		
2024 年 10 月	大将		
現在	政治局員、大将、公安省大臣		

1.4.126

名前（カタカナ）	チャン　ルー　クアン		
名前（越・英）	TRẦN LƯU QUANG（TRAN LUU QUANG）		
生年月日	1967 年 08 月 30 日生	民族	キン族
役職名	党中央委員、中央経済委員会委員長（新任）		
出身地	タイニン省		
年	経歴		
1997 年 8 月	共産党入党		
2011 年以前	タイニン省チャンバン県党委書記		
2011 年 1 月	第 XI 回党大会党中央執行委員会委員候補		
2011 年～2015 年	タイニン省人民委員会副委員長		
2015 年～2019 年	タイニン省党委書記		
2016 年 1 月	第 XII 回党大会党中央執行委員会委員		
2019 年～2021 年	ホーチミン市党委常任副書記		
2021 年 1 月	党中央執行委員会委員		
2021 年～2023 年	ハイフォン市党委書記		
2023 年 1 月～2024 年 8 月	ベトナム社会主義共和国副首相		
2024 年 8 月	中央経済委員会副委員長		
現在	党中央執行委員会委員、中央経済委員会副委員長		

1.4.127

名前（カタカナ）	グエン　ヴァン　クアン			
名前（越・英）	NGUYỄN VĂN QUẢNG（NGUYEN VAN QUANG）			
生年月日	1969 年　08 月　23 日生	民族		キン族
役職名	党中央委員、ダナン市党委書記			
出身地	ハイフォン市			
年	経歴			
1994 年 1 月	共産党入党			
2015 年〜2017 年	ホーチミン市最高人民検察院検事長			
2017 年〜2018 年	最高人民検察党委員会常任委員会委員			
2018 年〜2019 年	最高人民検察院副検事総長			
2019 年〜2020 年	ダナン市党委常任副書記			
2020 年〜現在	ダナン市党委書記			
2021 年 1 月	党中央執行委員会委員			
現在	党中央執行委員会委員、ダナン市党委書記			

1.4.128

名前（カタカナ）	タイ　タイン　クイ			
名前（越・英）	THÁI THANH QUÝ（THAI THANH QUY）			
生年月日	1976 年　04 月　19 日生	民族		キン族
役職名	党中央委員、中央経済委員会副委員長（新任）			
出身地	ゲーアン省			
年	経歴			
2002 年 2 月	共産党入党			
2012 年〜2016 年	ゲーアン省ナムダン県党委書記			
2016 年 1 月	第 XII 回党大会党中央執行委員会委員候補			
2016 年〜2017 年	ゲーアン省党委事務局長			
2017 年〜2018 年	ゲーアン省党委常任委員会委員			
2018 年〜2020 年	ゲーアン省党委副書記　兼　同省人民委員会委員長			
2020 年〜2024 年 11 月	ゲーアン省党委書記			
2021 年 1 月	党中央執行委員会委員			
2024 年 10 月	中央経済委員会副委員長			
現在	党中央執行委員会委員、中央経済委員会副委員長			

1.4.129

名前（カタカナ）	チン　ヴァン　クエット		
名前（越・英）	TRỊNH VĂN QUYẾT（TRINH VAN QUYET）		
生年月日	1966 年 01 月 22 日生	民族	キン族
役職名	書記局員、上将、ベトナム人民軍政治総局主任（新任）		
出身地	ハイズオン省		
年	経歴		
2016 年以前	第 2 軍管区副政治委員		
2016 年～2021 年	第 2 軍管区政治委員　兼　党委書記		
2016 年	少将		
2020 年	中将		
2021 年 1 月	党中央執行委員会委員		
2021 年 4 月～2024 年 5 月	ベトナム人民軍政治総局副主任		
2023 年 8 月	上将		
2024 年 6 月	ベトナム人民軍政治総局主任		
2024 年 8 月	書記局員		
現在	書記局員、上将、ベトナム人民軍政治総局主任		

1.4.130

名前（カタカナ）	チャン　ヴァン　ロン		
名前（越・英）	TRẦN VĂN RÓN（TRAN VAN RON）		
生年月日	1961 年 11 月 01 日生	民族	キン族
役職名	党中央委員、中央監査委員会常任副委員長		
出身地	ヴィンロン省		
年	経歴		
1981 年 11 月	共産党入党		
2014 年以前	ヴィンロン省ブンリエム県党委書記		
2014 年～2015 年	ヴィンロン省党委副書記　兼　同省人民委員会委員長		
2015 年～2021 年	ヴィンロン省党委書記		
2016 年 1 月	第 XII 回党大会党中央執行委員会委員		
2021 年 1 月	党中央執行委員会委員		
2021 年～現在	中央監査委員会副委員長		
現在	党中央執行委員会委員、中央監査委員会常任副委員長		

1.4.131

名前（カタカナ）	ブ　ハイ　サン			
名前（越・英）	VŨ HẢI SẢN （VU HAI SAN）			
生年月日	1961 年　05　月　12　日生	民族		キン族
役職名	党中央委員、上将、国防省副大臣			
出身地	ナムディン省			
年	経歴			
1983 年 4 月	共産党入党			
2013 年 1 月〜10 月	クアンニン省軍事指揮局局長			
2013 年〜2015 年	第 3 軍管区副司令官　兼　参謀長			
2013 年	少将			
2015 年〜2020 年	第 3 軍管区司令官			
2016 年 1 月	第 XII 回党大会党中央執行委員会委員			
2018 年	中将			
2020 年〜現在	国防省副大臣			
2021 年 1 月	党中央執行委員会委員			
現在	党中央執行委員会委員、上将、国防省副大臣			

1.4.132

名前（カタカナ）	ブイ　タイン　ソン			
名前（越・英）	BÙI THANH SƠN （BUI THANH SON）			
生年月日	1962 年　10　月　16　日生	民族		キン族
役職名	党中央委員、外務省大臣、ベトナム社会主義共和国副首相（新任）			
出身地	ハノイ市			
年	経歴			
1986 年 6 月	共産党入党			
2000 年〜2003 年	在シンガポールベトナム大使館第二士官			
2003 年〜2007 年	外務省対外政策局副局長			
2007 年〜2008 年	外務省対外政策局局長			
2008 年〜2009 年	外務省対外政策局局長　兼　同省大臣補佐			
2009 年〜2016 年	外務省副大臣			
2016 年 1 月	第 XII 回党大会党中央執行委員会委員			
2016 年〜2021 年	外務省常任副大臣			
2021 年 1 月	党中央執行委員会委員			
2021 年〜現在	外務省大臣			
2024 年 8 月	ベトナム社会主義共和国副首相			
現在	党中央執行委員会委員、外務省大臣、ベトナム社会主義共和国副首相			

1.4.133

名前（カタカナ）	グエン　キム　ソン			
名前（越・英）	NGUYỄN KIM SƠN（NGUYEN KIM SON）			
生年月日	1966 年 11 月 18 日生		民族	キン族
役職名	党中央委員、教育訓練省大臣			
出身地	ハイフォン市			
年	経歴			
2000 年 12 月	共産党入党			
2008 年〜2009 年	ハノイ国家大学人文社会科学大学教授　兼　中国研究センター長			
2009 年〜2011 年	ハノイ国家大学人文社会科学大学副学長　兼　中国研究センター長			
2012 年〜2016 年	ハノイ国家大学副学長　兼　党委副書記			
2016 年〜2021 年	ハノイ国家大学学長　兼　党委書記			
2021 年 1 月	党中央執行委員会委員			
2021 年〜現在	教育省大臣			
現在	党中央執行委員会委員、教育訓練省大臣			

1.4.134

名前（カタカナ）	チャン　ヴァン　ソン			
名前（越・英）	TRẦN VĂN SƠN（TRAN VAN SON）			
生年月日	1961 年 12 月 01 日生		民族	キン族
役職名	党中央委員、大臣、政府事務局局長			
出身地	ナムディン省			
年	経歴			
1995 年 5 月	共産党入党			
2003 年以前	建設省			
2003 年〜2007 年	建設省バックダン建設会社社長			
2007 年〜2009 年	建設省バックダン建設会社取締役会会長			
2009 年〜2014 年	建設省副大臣			
2014 年〜2015 年	ディエンビエン省党委副書記			
2015 年〜2020 年	ディエンビエン省党委書記			
2016 年 1 月	第 XII 回党大会党中央執行委員会委員			
2020 年〜2021 年	政府官房副長官　兼　党委書記			
2021 年 1 月	党中央執行委員会委員			
2021 年〜現在	大臣、政府官房長官			
現在	党中央執行委員会委員、大臣*、政府事務局局長			

＊訳者注：大臣相当という意味

1.4.135

名前（カタカナ）	ドー　ティエン　シ			
名前（越・英）	ĐỖ TIẾN SỸ （DO TIEN SY）			
生年月日	1965 年 11 月 02 日生	民族		キン族
役職名	党中央委員、ベトナムの声放送局局長			
出身地	フンイエン省			
年	経歴			
1993 年 7 月	共産党入党			
2005 年〜2010 年	フンイエン省バンラム県党委書記			
2010 年〜2014 年	フンイエン省組織委員会委員長			
2014 年〜2015 年	フンイエン省党委副書記			
2015 年〜2021 年	フンイエン省党委書記			
2016 年 1 月	第 XII 回党大会党中央執行委員会委員　候補			
2021 年 1 月	党中央執行委員会委員			
2021 年〜現在	ベトナム音声放送局局長			
現在	党中央執行委員会委員、ベトナム音声放送局局長			

1.4.136

名前（カタカナ）	グエン　タイン　タム			
名前（越・英）	NGUYỄN THÀNH TÂM （NGUYEN THANH TAM）			
生年月日	1974 年 11 月 20 日生	民族		キン族
役職名	党中央委員、タイニン省党委書記　兼　同省人民評議会議長			
出身地	タイニン省			
年	経歴			
2000 年 5 月	共産党入党			
2004 年〜2007 年	タイニン省情報通信局副局長			
2007 年〜2008 年	タイニン省情報通信局代理局長			
2009 年〜2011 年	タイニン省ホーチミン共産青年団書記			
2011 年〜2013 年	タイニン省国会議員副団長			
2013 年〜2016 年	タイニン省ゴザウ県党委書記			
2016 年〜現在	タイニン省人民評議会議長			
2017 年〜2020 年	タイニン省党委副書記			
2020 年〜現在	タイニン省党委書記　兼　同省人民評議会議長			
2021 年 1 月	党中央執行委員会委員			
現在	党中央執行委員会委員、タイニン省党委書記　兼　同省人民評議会議長			

1.4.137

名前（カタカナ）	ズオン　ヴァン　タイ			
名前（越・英）	DƯƠNG VĂN THÁI（DUONG VAN THAI）			
生年月日	1970 年　07 月　22 日生		民族	キン族
役職名				
出身地	バクザン省			
年	経歴			
1995 年 12 月	共産党入党			
2006 年〜2010 年	バクザン省バクザン市人民委員会副委員長			
2010 年〜2014 年	バクザン省バクザン市人民委員会委員長　兼　同市党委副書記			
2014 年〜2019 年	バクザン省人民委員会副委員長			
2019 年〜2020 年	バクザン省党委副書記　兼　同省人民委員会副委員長			
2020 年〜2024 年 4 月	バクザン省党委書記　兼　同省人民評議会議長			
2021 年 1 月	党中央執行委員会委員			
2024 年 4 月	起訴された。5 月に国会議員を解任され、党から除名された。			

1.4.138

名前（カタカナ）	レ　ドゥック　タイ			
名前（越・英）	LÊ ĐỨC THÁI（LE DUC THAI）			
生年月日	1967 年　04 月　30 日生		民族	キン族
役職名	党中央委員、中将、中央軍事委員会委員、ベトナム国境警備隊司令官			
出身地	クアンニン省			
年	経歴			
2011 年〜2014 年	クアンニン省国境警備隊副指揮長　兼　参謀長			
2014 年〜2017 年	クアンニン省国境警備隊指揮長			
2017 年〜2019 年	ベトナム国境警備隊副司令官　兼　参謀長			
2017 年	少将			
2020 年〜現在	ベトナム国境警備隊司令官			
2020 年 8 月	ベトナム国境警備隊党委副書記			
2021 年 1 月	党中央執行委員会委員			
2021 年 8 月	中将、中央軍事委員会委員、ベトナム国境警備隊司令官			
現在	党中央執行委員会委員、中将、中央軍事委員会委員、ベトナム国境警備隊司令官			

1.4.139

名前（カタカナ）	グエン　ホン　タイ		
名前（越・英）	NGUYỄN HỒNG THÁI （NGUYEN HONG THAI）		
生年月日	1969 年　05 月　07 日生	民族	キン族
役職名	党中央委員、中将、第 1 軍管区司令官		
出身地	フンイエン省		
年	経歴		
1987 年 12 月	共産党入党		
2016 年以前	フート省軍事指揮局指揮長		
2016 年	少将		
2016 年〜2018 年	第 2 軍管区副司令官　兼　参謀長		
2018 年〜2019 年	ハノイ首都司令部司令官		
2019 年〜現在	第 1 軍管区司令官		
2020 年	中将		
2021 年 1 月	党中央執行委員会委員		
現在	党中央執行委員会委員、第 1 軍管区司令官		

1.4.140

名前（カタカナ）	ファム　スアン　タン		
名前（越・英）	PHẠM XUÂN THĂNG （PHAM XUAN THANG）		
生年月日	1966 年　06 月　01 日生	民族	キン族
役職名			
出身地	ハイズオン省		
2021 年 1 月	党中央執行委員会委員		
2022 年 10 月	党から除名された		

1.4.141

名前（カタカナ）	フイン　チエン　タン		
名前（越・英）	HUỲNH CHIẾN THẮNG （HUYNH CHIEN THANG）		
生年月日	1965 年　06 月　15 日生	民族	キン族
役職名	党中央委員、上将、ベトナム人民軍副総参謀長		
出身地	ベンチェー省		
年	経歴		
2014 年	第 9 軍管区副政治委員		
2015 年 8 月	少将、第 9 軍管区政治委員		
2016 年 1 月	第 XII 回党大会党中央執行委員会委員		
2019 年 9 月	中将		
2020 年 8 月	中将、第 9 軍管区党委書記　兼　政治委員		
2020 年〜現在	ベトナム人民軍副総参謀長		
2021 年 1 月	党中央執行委員会委員		
2022 年	上将		
現在	党中央執行委員会委員、上将、ベトナム人民軍副総参謀長		

1.4.142

名前（カタカナ）	グエン　チュオン　タン		
名前（越・英）	NGUYỄN TRƯỜNG THẮNG（NGUYEN TRUONG THANG）		
生年月日	1970 年　05 月　08 日生	民族	キン族
役職名	党中央委員、中将、第 7 軍管区司令官		
出身地	ビンズオン省		
年	経歴		
2018 年以前	第 7 軍管区第 5 師団師団長		
2018 年〜2020 年	ホーチミン市司令部司令官		
2019 年	少将		
2020 年 2 月〜11 月	第 7 軍管区副司令官		
2020 年〜現在	第 7 軍管区司令官		
2021 年 1 月	党中央執行委員会委員		
2023 年 1 月	中将		
現在	党中央執行委員会委員、第 7 軍管区司令官		

1.4.143

名前（カタカナ）	グエン　ヴァン　タン		
名前（越・英）	NGUYỄN VĂN THẮNG（NGUYEN VAN THANG）		
生年月日	1973 年　09 月　12 日生	民族	キン族
役職名	党中央委員、財政省大臣（新任）		
出身地	ハノイ市		
年	経歴		
2003 年 5 月	共産党入党		
2016 年〜2018 年	ベトナム工商銀行取締役会会長　兼　党委書記		
2016 年 1 月	第 XII 回党大会党中央執行委員会委員候補		
2018 年〜2019 年	クアンニン省人民委員会副会長		
2019 年〜2020 年	クアンニン省党委副書記　兼　同省人民委員会会長		
2020 年〜2022 年 10 月	ディエンビエン省党委書記		
2021 年 1 月	党中央執行委員会委員		
2022 年 10 月〜2024 年 11 月	交通運輸省大臣		
2024 年 11 月〜現在	財政省大臣		
現在	党中央執行委員会委員、財政省大臣		

1.4.144

名前（カタカナ）	グエン スアン タン		
名前（越・英）	NGUYỄN XUÂN THẮNG （NGUYEN XUAN THANG）		
生年月日	1957 年 02 月 18 日生	民族	キン族
役職名	政治局員、中央理論評議会会長、ホーチミン国家政治学院院長		
出身地	ゲーアン省		
年	経歴		
1983 年 7 月	共産党入党		
1983 年～1988 年	世界経済研究所幹部		
2003 年～2008 年	世界政治経済研究所所長		
2003 年～2011 年	ベトナム社会科学院副院長		
2011 年～2016 年	ベトナム社会科学院院長		
2016 年 1 月	第 XII 回党大会党中央執行委員会委員		
2016 年～現在	ホーチミン国家政治学院院長		
2018 年～現在	中央理論評議会会長		
2021 年 1 月	政治局員		
現在	政治局員、中央理論評議会会長、ホーチミン国家政治学院院長		

1.4.145

名前（カタカナ）	ファム タット タン		
名前（越・英）	PHẠM TẤT THẮNG （PHAM TAT THANG）		
生年月日	1970 年 09 月 09 日生	民族	キン族
役職名	党中央委員、中央大衆工作委員会副委員長		
出身地	ハイズオン省		
年	経歴		
1996 年 3 月	共産党入党		
2003 年～2010 年	国家大学党委事務局長		
2011 年～2016 年	国会文化教育青少年児童教育委員会委員		
2016 年～2021 年	国会文化教育青少年児童教育委員会副委員長		
2021 年 1 月	党中央執行委員会委員		
2021 年～現在	中央大衆工作委員会副委員長		
現在	党中央執行委員会委員、中央大衆工作委員会副委員長		

1.4.146

名前（カタカナ）	チャン　ドゥック　タン		
名前（越・英）	TRẦN ĐỨC THẮNG（TRAN DUC THANG）		
生年月日	1973 年生	民族	キン族
役職名	党中央委員、ハイズオン省党委書記		
出身地	ヴィンフック省		
年	経歴		
2018 年以前	財政省公共財産管理局局長		
2018 年〜2020 年	党中央監査委員会委員		
2020 年〜2022 年	中央監査委員会副委員長		
2021 年 1 月	党中央執行委員会委員		
2022 年 10 月〜現在	ハイズオン省党委書記		
現在	党中央執行委員会委員、ハイズオン省党委書記		

1.4.147

名前（カタカナ）	ブ　ダイ　タン		
名前（越・英）	VŨ ĐẠI THẮNG（VU DAI THANG）		
生年月日	1975 年 10 月 04 日生	民族	キン族
役職名	党中央委員、クアンニン省党委書記（新任）		
出身地	ハノイ市		
年	経歴		
2005 年 5 月	共産党入党		
2014 年以前	計画投資省経済特区管理局局長		
2014 年〜2018 年	ハーナム省人民委員会副会長		
2016 年 1 月	第 XII 回党大会党中央執行委員会委員候補		
2018 年〜2020 年	計画投資省副大臣		
2020 年〜2024 年 10 月	クアンビン省党委書記		
2021 年 1 月	党中央執行委員会委員		
2024 年 10 月〜現在	クアンニン省党委書記		
現在	党中央執行委員会委員、クアンニン省党委書記		

1.4.148

名前（カタカナ）	ラム　ティ　フオン　タイン		
名前（越・英）	LÂM THỊ PHƯƠNG THANH （LAM THI PHUONG THANH）		
生年月日	1967 年 07 月 26 日生	民族	キン族　（女性）
役職名	党中央委員、中央党事務局副局長		
出身地	ニンビン省		
年	経歴		
1989 年 3 月	共産党入党		
2008 年〜2011 年	中央ホーチミン共産青年団常任書記　兼　ベトナム学生協会会長		
2011 年〜2017 年	中央宣伝教育委員会副委員長		
2016 年 1 月	第 XII 回党大会党中央執行委員会委員		
2018 年〜2021 年	ランソン省党委書記		
2021 年 1 月	党中央執行委員会委員		
2021 年 7 月	中央党事務局副局長		
現在	党中央執行委員会委員、中央党事務局副局長		

1.4.149

名前（カタカナ）	グエン　ドゥック　タイン		
名前（越・英）	NGUYỄN ĐỨC THANH （NGUYEN DUC THANH）		
生年月日	1962 年 07 月 03 日生	民族	キン族
役職名	党中央委員、ニントゥアン省党委書記		
出身地	ハーティン省		
年	経歴		
1989 年 2 月	共産党入党		
1996 年〜2004 年	ニントゥアン省党委事務局長		
2004 年〜2008 年	ニントゥアン省人民委員会副会長		
2008 年〜2010 年	ニントゥアン省ニンハイ県党委書記		
2010 年〜2014 年	ニントゥアン省党委副書記		
2011 年〜2014 年	ニントゥアン省人民委員会会長		
2014 年〜2021 年	ニントゥアン省党委書記　兼　同省人民評議会議長		
2016 年 1 月	第 XII 回党大会党中央執行委員会委員		
2021 年 1 月	党中央執行委員会委員		
現在	党中央執行委員会委員、ニントゥアン省党委書記		

1.4.150

名前（カタカナ）	グエン　ティ　タイン
名前（越・英）	NGUYỄN THỊ THANH （NGUYEN THI THANH）

生年月日	1967 年 02 月 10 日生	民族		キン族　（女性）

役職名	党中央委員、ベトナム社会主義共和国国会副議長（新任）
出身地	ニンビン省

年	経歴
1988 年 9 月	共産党入党
2005 年〜2006 年	ニンビン省党委大衆工作委員会副委員長
2006 年〜2012 年	ニンビン省党委大衆工作委員会委員長
2011 年 1 月	第 XI 回党大会党中央執行委員会委員候補
2012 年〜2013 年	ニンビン省イエンカイン県党委書記
2013 年〜2020 年	ニンビン省党委書記
2016 年 1 月	第 XII 回党大会党中央執行委員会委員
2020 年〜2021 年	中央組織委員会副委員長
2021 年 1 月	党中央執行委員会委員
2021 年〜2024 年	国会常務委員会委員　兼　中央組織委員会副委員長
2024 年 6 月	ベトナム社会主義共和国国会副議長
現在	党中央執行委員会委員、ベトナム社会主義共和国国会副議長

1.4.151

名前（カタカナ）	ファム　ヴィエット　タイン
名前（越・英）	PHẠM VIẾT THANH （PHAM VIET THANH）

生年月日	1962 年 12 月 07 日生	民族		キン族

役職名	党中央委員、バリアブンタウ省党委書記　兼　同省人民評議会議長
出身地	クアンナム省

年	経歴
1982 年 11 月	共産党入党
2003 年〜2011 年	ベトナム航空総合会社副総社長
2011 年〜2015 年	ベトナム航空総合会社党委書記　兼　同社社員総会会長
2015 年〜2016 年	ベトナム航空総合会社取締役会会長
2016 年 1 月	第 XII 回党大会党中央執行委員会委員
2016 年〜2019 年	中央企業セクター党委書記
2019 年〜2020 年	タイニン省党委書記
2020 年〜現在	バリアブンタウ省党委書記
2021 年 1 月	党中央執行委員会委員
現在	党中央執行委員会委員、バリアブンタウ省党委書記兼同省人民評議会議長

1.4.152

名前（カタカナ）	チャン シ タイン		
名前（越・英）	TRẦN SỸ THANH （TRAN SY THANH）		
生年月日	1971 年 03 月 16 日生	民族	キン族
役職名	党中央委員、ハノイ市党委副書記 兼 同市人民委員会委員長		
出身地	ゲーアン省		
年	経歴		
1995 年 6 月	共産党入党		
2006 年〜2008 年	財政省ベトナム国庫局副局長		
2008 年〜2010 年	ダクラク省人民委員会副会長		
2010 年〜2011 年	ダクラク省党委副書記		
2011 年 1 月	第 XI 回党大会党中央執行委員会委員候補		
2011 年〜2012 年	党中央監査委員会委員		
2012 年〜2015 年	バクザン省党委書記		
2015 年〜2017 年	ランソン省党委書記		
2016 年 1 月	第 XII 回党大会党中央執行委員会委員		
2017 年〜2020 年	中央経済委員会副委員長		
2020 年〜2021 年	国会事務局副局長		
2021 年 1 月	党中央執行委員会委員		
2021 年〜2022 年	国家会計監査院院長		
現在	党中央執行委員会委員、ハノイ市党委副書記兼同市人民委員会委員長		

1.4.153

名前（カタカナ）	ブ ホン タイン		
名前（越・英）	VŨ HỒNG THANH （VU HONG THANH）		
生年月日	1962 年 04 月 19 日生	民族	キン族
役職名	党中央委員、国会経済委員会委員長		
出身地	ハイズオン省		
年	経歴		
1998 年 7 月	共産党入党		
2010 年〜2015 年	クアンニン省ハロン市党委書記		
2015 年〜2016 年	クアンニン省党委副書記		
2016 年 1 月	第 XII 回党大会党中央執行委員会委員		
2016 年〜2021 年	国会経済委員会委員長		
2021 年 1 月	党中央執行委員会委員		
2021 年〜現在	国会経済委員会委員長		
現在	党中央執行委員会委員、国会経済委員会委員長		

1.4.154

名前（カタカナ）	レ　ヴァン　タイン		
名前（越・英）	LÊ VĂN THÀNH （LE VAN THANH）		
生年月日	1962 年　10 月　20 日生	民族	キン族
役職名			
出身地	ハイフォン市		
年	経歴		
1997 年 6 月	共産党入党		
2005 年〜2010 年	ハイフォンセメント会社社長		
2010 年〜2014 年	ハイフォン市人民委員会副会長		
2014 年〜2015 年	ハイフォン市党委副書記　兼　同市人民委員会会長		
2015 年〜2021 年	ハイフォン市党委書記		
2016 年〜2021 年	同市人民評議会議長		
2016 年 1 月	第 XII 回党大会党中央執行委員会委員		
2021 年 1 月	党中央執行委員会委員		
2021 年〜2023 年 8 月	ベトナム社会主義共和国副首相		
2023 年 8 月 22 日	逝去		

1.4.155

名前（カタカナ）	ギエム　スアン　タイン		
名前（越・英）	NGHIÊM XUÂN THÀNH （NGHIEM XUAN THANH）		
生年月日	1969 年　11 月　02 日生	民族	キン族
役職名	党中央委員、カインホア省党委書記（新任）		
出身地	ヴィンフック省		
年	経歴		
1994 年 10 月	共産党入党		
2008 年〜2010 年	ベトナム工商株式会社銀行タンスアン支店社長		
2010 年〜2012 年	ベトナム工商株式会社銀行ドンダ支店社長		
2012 年〜2013 年	ベトナム国家銀行事務局長		
2013 年〜2014 年	ベトナム外商株式会社銀行総社長		
2013 年〜2021 年	ベトナム外商株式会社銀行党委書記		
2014 年〜2021 年	ベトナム外商銀行取締役会会長		
2021 年 1 月	党中央執行委員会委員		
2021 年〜2024 年	ハウザン省党委書記		
2024 年 11 月	カインホア省党委書記		
現在	党中央執行委員会委員、カインホア省党委書記		

1.4.156

名前（カタカナ）	グエン　ヴァン　テー		
名前（越・英）	NGUYỄN VĂN THỂ（NGUYEN VAN THE）		
生年月日	1966 年 11 月 27 日生	民族	キン族
役職名			
出身地	ドンタップ省		
年	経歴		
1993 年 2 月	共産党入党		
2005 年〜2010 年	ドンタップ省交通運輸局組合長		
2010 年〜2012 年	ドンタップ省タンホン県党委書記		
2011 年 1 月	第 XI 回党大会党中央執行委員会委員候補		
2012 年〜2013 年	ドンタップ省人民委員会副会長		
2013 年〜2015 年	交通運輸省副大臣		
2015 年〜2017 年	ソックチャン省党委書記		
2016 年 1 月	第 XII 回党大会党中央執行委員会委員		
2017 年〜2022 年	交通運輸省大臣		
2021 年 1 月	党中央執行委員会委員		
2022 年 10 月〜2024 年 11 月	中央企業セクター党書記		
2024 年 11 月	戒告処分を受け、党中央委員を除名された		

1.4.157

名前（カタカナ）	レ　ドゥック　トー		
名前（越・英）	LÊ ĐỨC THỌ（LE DUC THO）		
生年月日	1970 年 07 月 25 日生	民族	キン族
役職名			
出身地	フートー省		
年	経歴		
1995 年 1 月	共産党入党		
2006 年〜2010 年	ベトナム工商株式会社銀行投資部部長		
2010 年〜2013 年	ベトナム工商株式会社銀行副社長		
2013 年〜2014 年	ベトナム国家銀行事務局長		
2014 年〜2018 年	ベトナム工商株式会社銀行取締役会会員　兼　総社長		
2018 年〜2021 年	ベトナム工商株式会社銀行取締役会会長		
2021 年 1 月	党中央執行委員会委員		
2021 年 7 月〜2023 年 9 月	ベンチェー省党委書記		
2023 年 10 月	党内の全ての職務を解任された		

1.4.158

名前（カタカナ）	ボー　ヴァン　トゥオン			
名前（越・英）	VÕ VĂN THƯỞNG（VO VAN THUONG）			
生年月日	1970　年　12　月　13　日生		民族	キン族
役職名				
出身地	ヴィンロン省			
年	経歴			
1993 年 11 月	共産党入党			
1992 年〜1993 年	ホーチミン市総合大学学生協会副会長　兼　ベトナム学生協会の中央執行委員会委員			
1993 年〜2004 年	ホーチミン市学生協会会長、ホーチミン市ホーチミン共産青年同盟副書記兼同市青年連合会会長			
2004 年〜2006 年	ホーチミン市 12 区書記			
2006 年〜2007 年	第 X 回党大会党中央執行委員会委員候補			
2007 年〜2011 年	ホーチミン共産青年同盟中央委員会第一書記			
2007 年 7 月	国会代表			
2011 年 1 月	第 XI 回党大会党中央執行委員会委員			
2011 年〜2014 年	クアンガイ省党委書記			
2014 年〜2016 年	ホーチミン市党委常任副書記			
2016 年〜2021 年	第 XII 期政治局員、中央宣伝教育委員会委員長			
2023 年〜2024 年	ベトナム社会主義共和国主席			
2024 年 3 月	ベトナム社会主義共和国主席、国会議員を解任された			

1.4.159

名前（カタカナ）	レ　ティ　トゥイ				
名前（越・英）	LÊ THỊ THỦY　（LE THI THUY）				
生年月日	1964　年　01　月　07　日生		民族	キン族	（女性）
役職名	党中央委員、ハーナム省党委書記　兼　同省人民評議会議長				
出身地	ゲーアン省				
年	経歴				
1993 年 3 月	共産党入党				
2008 年〜2010 年	ゲーアン省党委監査委員会委員長				
2010 年〜2016 年	ベトナム政府監査委員会副委員長				
2016 年 1 月	第 XII 回党大会党中央執行委員会委員				
2016 年〜2019 年	党中央監査委員会副委員長				
2019 年〜現在	ハーナム省党委書記				
2021 年 1 月	党中央執行委員会委員				
現在	党中央執行委員会委員、ハーナム省党委書記　兼　同省人民評議会議長				

1.4.160

名前（カタカナ）	チャン　クォック　ト		
名前（越・英）	TRẦN QUỐC TỎ（TRAN QUOC TO）		
生年月日	1962 年　01　月　28　日生	民族	キン族
役職名	党中央委員、上将、公安省副大臣		
出身地	ニンビン省		
年	経歴		
1987 年 4 月	共産党入党		
2011 年～2014 年	人民公安少将、公安省犯罪防止警察総局副局長		
2014 年～2015 年	タイグエン省党委常任副書記		
2015 年～2020 年	タイグエン省党委書記		
2016 年 1 月	第 XII 回党大会党中央執行委員会委員		
2020 年～現在	公安省副大臣		
2021 年 1 月	党中央執行委員会委員		
2022 年 1 月	上将		
現在	党中央執行委員会委員、公安省副大臣		

1.4.161

名前（カタカナ）	レ　タン　トイ		
名前（越・英）	LÊ TẤN TỚI（LE TAN TOI）		
生年月日	1969 年　04　月　04　日生	民族	キン族
役職名	党中央委員、少将、国会国防安全保障委員長		
出身地	カーマウ省		
年	経歴		
1993 年 6 月	共産党入党		
2013 年～2016 年	バクリエウ省公安局副局長		
2016 年～2019 年	バクリエウ省公安局局長		
2015 年～2020 年	公安省幹部組織局局長　兼　党委書記		
2020 年～2021 年	公安省副大臣		
2021 年 1 月	党中央執行委員会委員		
現在	党中央執行委員会委員、国会国防安全保障委員長		

1.4.162

名前（カタカナ）	ファム　ティ　タイン　チャ			
名前（越・英）	PHẠM THỊ THANH TRÀ（PHAM THI THANH TRA）			
生年月日	1964 年 01 月 21 日生	民族	キン族　（女性）	
役職名	党中央委員会、内務省大臣			
出身地	ゲーアン省			
年	経歴			
1993 年 6 月	共産党入党			
2002 年〜2006 年	イエンバイ省ホーチミン共産青年同盟書記			
2006 年〜2008 年	イエンバイ省党委宣伝教育局局長			
2008 年〜2011 年	イエンバイ省人民委員会副会長			
2011 年〜2014 年	イエンバイ省イエンバイ市党委書記			
2014 年〜2016 年	イエンバイ省党委副書記　兼　同省人民委員会会長			
2016 年〜2017 年	イエンバイ省党委書記　兼　同省人民委員会会長			
2017 年〜2020 年	イエンバイ省党委書記　兼　同省人民評議会議長			
2016 年 1 月	第 XII 回党大会党中央執行委員会委員			
2020 年〜2021 年	内務省副大臣			
2021 年 1 月	党中央執行委員会委員			
2021 年〜現在	内務省大臣			
現在	党中央執行委員会委員、内務省大臣			

1.4.163

名前（カタカナ）	ファン　ディン　チャック			
名前（越・英）	PHAN ĐÌNH TRẠC（PHAN DINH TRAC）			
生年月日	1958 年 08 月 25 日生	民族	キン族	
役職名	政治局員、書記局員、中央内政委員会委員長			
出身地	ゲーアン省			
年	経歴			
1980 年 8 月	共産党入党			
1980 年〜1981 年	内務省（現在公安省）幹部			
1981 年〜1992 年	ゲーアン省ヴィン市公安			
1997 年〜2001 年	ゲーアン省公安局副局長			
2001 年〜2005 年	ゲーアン省公安局局長			
2005 年〜2010 年	同省人民委員会委員長兼同省党委副書記			
2010 年〜2013 年	同省党委書記			
2013 年〜2016 年	中央内政委員会副委員長			
2016 年 2 月	第 XII 回党大会党中央執行委員会委員、中央内政委員会委員長			
2017 年 10 月	書記局員			
2021 年 1 月	政治局員			
現在	政治局員、中央内政委員会委員長			

1.4.164

名前（カタカナ）	ズオン　ヴァン　チャン		
名前（越・英）	DƯƠNG VĂN TRANG（DUONG VAN TRANG）		
生年月日	1961 年 12 月 20 日生	民族	キン族
役職名	党中央委員、コントゥム省党委書記　兼　同省人民評議会議長		
出身地	クアンガイ省		
年	経歴		
1982 年 1 月	共産党入党		
2007 年〜2014 年	大佐、ザーライ省軍事指揮局局長		
2014 年〜2015 年	ザーライ省党委副書記		
2015 年〜2020 年	ザーライ省党委書記　兼　同省人民評議会議長		
2016 年 1 月	第 XII 回党大会党中央執行委員会委員		
2020 年〜現在	コントゥム省党委書記		
2021 年 1 月	党中央執行委員会委員		
現在	党中央執行委員会委員、コントゥム省党委書記　兼　同省人民評議会議長		

1.4.165

名前（カタカナ）	レ　ミン　チ		
名前（越・英）	LÊ MINH TRÍ（LE MINH TRI）		
生年月日	1960 年 11 月 01 日生	民族	キン族
役職名	書記局員、最高人民裁判所長官（新任）		
出身地	ホーチミン市		
年	経歴		
1984 年 7 月	共産党入党		
2005 年〜2010 年	ホーチミン市 1 区党委副書記　兼　同区人民委員会会長		
2010 年〜2013 年	ホーチミン市人民委員会副会長		
2013 年〜2015 年	中央内政委員会副委員長		
2016 年 1 月	第 XII 回党大会党中央執行委員会委員		
2016 年 4 月〜2024 年 8 月	最高人民検察院検事総長		
2021 年 1 月	党中央執行委員会委員		
2024 年 8 月	書記局員		
2024 年 8 月	最高人民裁判所長官		
現在	書記局員、最高人民裁判所長官		

1.4.166

名前（カタカナ）	グエン　フー　チョン		
名前（越・英）	NGUYỄN PHÚ TRỌNG（NGUYEN PHU TRONG）		
生年月日	1944　年　04　月　14　日生	民族	キン族
役職名			
出身地	ハノイ市		
年	経歴		
1967 年	共産党入党、党機関誌「共産主義雑誌」編集局員		
1981 年〜1983 年	旧ソ連社会科学アカデミー研修生・准博士		
1983 年	旧ソ連で准博士（政治学）取得		
1990 年	「共産主義雑誌」副編集長		
1991 年〜1996 年	「共産主義雑誌」編集長		
1994 年〜2024 年	党中央委員		
1996 年	ハノイ市党委員会副書記		
1997 年〜2024 年	党政治局員		
2000 年〜2006 年	ハノイ市党委員会書記長		
2001 年 4 月	第 IX 回党大会において政治局員に再任		
2002 年〜2024 年	国会代表		
2006 年 4 月	第 X 回党大会において政治局員に再任		
2006 年 6 月	第 XI 期第 9 回国会において国会議長に就任		
2007 年 7 月	第 XII 期第 1 回国会において国会議長に再任		
2011 年 1 月	第 XI 回党大会において党書記長に就任		
2016 年 1 月	第XII回党大会において党書記長に再任		
2021 年 1 月	第 XIII 回党大会において党書記長に再任		
2021 年〜2024 年	ベトナム共産党中央委員会書記長		
2024 年 7 月 19 日	逝去		

1.4.167

名前（カタカナ）	レ　ホアイ　チュン		
名前（越・英）	LÊ HOÀI TRUNG（LE HOAI TRUNG）		
生年月日	1961　年　04　月　　日生	民族	キン族
役職名	書記局員、中央対外委員会会長		
出身地	トゥアティエンフエ省		
年	経歴		
1986 年 6 月	共産党入党		
1998 年〜2010 年	外務省国際組織局副局長、局長		
2010 年〜2021 年	外務省副大臣		
2016 年 1 月	第 XII 回党大会党中央執行委員会委員		
2021 年 1 月	党中央執行委員会委員		
2023 年 10 月	書記局員		
2021 年〜現在	中央対外委員会会長		
現在	書記局員、中央対外委員会会長		

1.4.168

名前（カタカナ）	グエン ディン チュン		
名前（越・英）	NGUYỄN ĐÌNH TRUNG （NGUYEN DINH TRUNG）		
生年月日	1973 年 04 月 19 日生	民族	キン族
役職名	党中央委員、ダクラク省党委書記		
出身地	ゲーアン省		
年	経歴		
1995 年 7 月	共産党入党		
2013 年〜2015 年	ダクノン省党委監査委員会常任副委員長		
2015 年〜2018 年	ダクノン省党委監査委員会委員長		
2018 年〜2020 年	ダクノン省党委副書記		
2020 年〜2021 年	ダクノン省党委副書記　兼　同省人民委員会会長		
2021 年 1 月	党中央執行委員会委員		
2021 年〜現在	ダクラク省党委書記		
現在	党中央執行委員会委員、ダクラク省党委書記		

1.4.169

名前（カタカナ）	チャン カム トゥ		
名前（越・英）	TRÀN CẨM TÚ （TRAN CAM TU）		
生年月日	1961 年 08 月 25 日生	民族	キン族
役職名	政治局員、書記局常任委員、中央監査委員会委員長		
出身地	ハーティン省		
年	経歴		
1990 年 3 月	共産党入党		
2004 年〜2007 年	ハーティン省フオンソン県人民委員会委員長		
2007 年〜2009 年	中央党委員会候補委員、ハーティン省監査委員会委員長		
2009 年〜2011 年	党中央監査委員会委員		
2011 年〜2015 年	タイビン省党委書記		
2016 年〜2018 年	第 XII 回党大会党中央執行委員会委員、党中央監査委員会副委員長		
2018 年〜現在	中央監査委員会委員長		
2024 年 10 月	書記局常任委員		
現在	政治局員、書記局常任委員、中央監査委員会委員長		

1.4.170

名前（カタカナ）	ゴ　ヴァン　トゥアン		
名前（越・英）	NGÔ VĂN TUẤN（NGO VAN TUAN）		
生年月日	1971 年　08 月　02 日生	民族	キン族
役職名	党中央委員、国家会計監査院院長		
出身地	バクニン省		
年	経歴		
1998 年 11 月	共産党入党		
2003 年〜2005 年	財政省事務局局長		
2006〜2008 年	財政省大臣補佐		
2008 年〜2016 年	財政省銀行財政局局長		
2017 年〜2019 年	中央経済委員会副会長		
2019 年〜2020 年	ホアビン省党委副書記		
2020 年〜2022 年	ホアビン省党委書記		
2021 年 1 月	党中央執行委員会委員		
2022 年 10 月	国家会計監査院院長		
現在	党中央執行委員会委員、国家会計監査院院長		

1.4.171

名前（カタカナ）	グエン　アイン　トゥアン		
名前（越・英）	NGUYỄN ANH TUẤN（NGUYEN ANH TUAN）		
生年月日	1979 年　11 月　26 日生	民族	キン族
役職名	党中央委員、バクニン省党委書記		
出身地	タインホア省		
年	経歴		
2001 年 12 月	共産党入党		
2002 年〜2009 年	国民経済大学		
2009 年〜2014 年	ホーチミン共産青年同盟中央委員会委員		
2009 年〜2014 年	ホーチミン共産青年同盟中央委員会事務局長		
2014 年〜2018 年	ホーチミン共産青年同盟中央委員会書記		
2018 年〜2020 年	ホーチミン共産青年同盟中央委員会常任書記		
2020 年〜2022 年	ホーチミン共産青年同盟中央委員会第一書記		
2021 年 1 月	党中央執行委員会委員		
現在	党中央執行委員会委員、バクニン省党委書記		

1.4.172

名前（カタカナ）	ファム　ザー　トゥク		
名前（越・英）	PHẠM GIA TÚC（PHAM GIA TUC）		
生年月日	1965 年 05 月 20 日生	民族	キン族
役職名	党中央委員、党中央事務局副局長（新任）		
出身地	ナムディン省		
年	経歴		
1989 年 6 月	共産党入党		
2014 年以前	ベトナム商工会議所副所長		
2014 年〜2017 年	カントー市党委副書記		
2017 年〜2021 年	中央内政委員会副会長		
2021 年 1 月	党中央執行委員会委員		
2021 年〜2024 年 11 月	ナムディン省党委書記		
2024 年 11 月	党中央事務局副局長		
現在	党中央執行委員会委員、党中央事務局副局長		

1.4.173

名前（カタカナ）	ホアン　タイン　トゥン		
名前（越・英）	HOÀNG THANH TÙNG（HOANG THANH TUNG）		
生年月日	1966 年 12 月 25 日生	民族	キン族
役職名	党中央委員、国会常務委員会委員、国会法律委員会委員長		
出身地	ゲーアン省		
年	経歴		
2000 年 5 月	共産党入党		
2003 年〜2007 年	法務文書審査部部長　兼　司法省大臣秘書		
2007 年〜2011 年	国会副議長秘書		
2011 年〜2016 年	国会法律委員会常任委員		
2016 年〜2019 年	国会法律委員会副委員長		
2019 年〜現在	国会法律委員会委員長		
2021 年 1 月	党中央執行委員会委員		
現在	党中央執行委員会委員、国会法律委員会委員長		

1.4.174

名前（カタカナ）	レ　クアン　トゥン
名前（越・英）	LÊ QUANG TÙNG（LE QUANG TUNG）

生年月日	1971 年　10 月　30 日生	民族		キン族	

役職名	党中央委員、国会常務委員会委員、国会総秘書、国会事務局局長（新任）
出身地	ハーティン省

年	経歴
2003 年 9 月	共産党入党
2009 年〜2011 年	計画投資省科学教育財源環境局局長
2011 年〜2014 年	計画投資省地方経済局局長
2014 年〜2018 年	クアンニン省人民委員会副会長
2016 年 1 月	第 XII 回党大会党中央執行委員会委員候補
2018 年〜2020 年	文化スポーツ観光省副大臣
2020 年〜2024 年 11 月	クアンチー省党委書記
2021 年 1 月	党中央執行委員会委員
2024 年 11 月	国会常務委員会委員、国会総秘書、国会事務局局長
現在	党中央執行委員会委員、国会常務委員会委員、国会総秘書、国会事務局局長

1.4.175

名前（カタカナ）	グエン　ティ　トゥエン
名前（越・英）	NGUYỄN THỊ TUYẾN（NGUYEN THI TUYEN）

生年月日	1971 年　07 月　25 日生	民族		キン族	（女性）

役職名	党中央委員、ベトナム女性連合会会長（新任）
出身地	ハノイ市

年	経歴
1995 年 4 月	共産党入党
2008 年〜2010 年	ハノイ市市委宣伝教育委員会常任副会長
2010 年〜2015 年	ハノイ市チュオンミ県党委書記
2015 年〜2019 年	ハノイ市労働総連盟会長
2016 年 1 月	第 XII 回党大会党中央執行委員会委員候補
2019 年〜2020 年	ハノイ市市委大衆工作委員会委員長
2020 年〜2024 年 7 月	ハノイ市党委副書記
2021 年 1 月	党中央執行委員会委員
2024 年 10 月	ベトナム女性連合会党委書記
2024 年 11 月	ベトナム女性連合会会長
現在	党中央執行委員会委員、ベトナム女性連合会会長

1.4.176

名前（カタカナ）	ブイ ティ クイン ヴァン			
名前（越・英）	BÙI THỊ QUỲNH VÂN （BUI THI QUYNH VAN）			
生年月日	1974 年 01 月 02 日生	民族	キン族 （女性）	
役職名	党中央委員、クアンガイ省党委書記 兼 同省人民評議会議長			
出身地	クアンガイ省			
年	経歴			
1999 年 6 月	共産党入党			
2015 年以前	クアンガイ省党委大衆工作委員会委員長			
2015 年〜2016 年	クアンガイ省リーソン県党委書記			
2016 年〜現在	クアンガイ省人民評議会議長			
2016 年 1 月	第 XII 回党大会党中央執行委員会委員候補			
2019 年〜2020 年	クアンガイ省党委副書記			
2020 年〜現在	クアンガイ省党委書記			
2021 年 1 月	党中央執行委員会委員			
現在	党中央執行委員会委員、クアンガイ省党委書記兼同省人民評議会議長			

1.4.177

名前（カタカナ）	フイン タン ヴィエト			
名前（越・英）	HUỲNH TẤN VIỆT （HUYNH TAN VIET）			
生年月日	1962 年 08 月 10 日生	民族	キン族	
役職名				
出身地	フーイエン省			
2021 年 1 月	党中央執行委員会委員			
現在	2022 年 10 月 3 日党中央執行委員会委員を辞めさせられた			

1.4.178

名前（カタカナ）	グエン ダック ヴィン			
名前（越・英）	NGUYỄN ĐẮC VINH （NGUYEN DAC VINH）			
生年月日	1972 年 11 月 25 日生	民族	キン族	
役職名	党中央委員、国会文化教育委員会委員長			
出身地	ゲーアン省			
年	経歴			
2003 年 11 月	共産党入党			
2010 年以前	ホーチミン共産青年同盟中央委員会書記			
2011 年〜2016 年	ホーチミン共産青年同盟中央委員会書記 兼 ベトナム青年連合会会長			
2011 年 1 月	第 XI 回党大会党中央執行委員会委員候補			
2016 年 1 月	第 XII 回党大会党中央執行委員会委員			
2016 年〜2019 年	ゲーアン省党委書記			
2019 年〜2021 年	党中央事務局党委書記			
2021 年 1 月	党中央執行委員会委員			
2021 年 4〜7 月	国会文化教育青少年児童委員会委員長			
2021 年 7 月〜現在	国会文化教育委員会委員長			
現在	党中央執行委員会委員、国会文化教育委員会委員長			

1.4.179

名前（カタカナ）	レ　フィ　ヴィン		
名前（越・英）	LÊ HUY VỊNH（LE HUY VINH）		
生年月日	1961 年　01 月　09 日生	民族	キン族
役職名	党中央委員、上将、国防省副大臣		
出身地	ハノイ市		
年	経歴		
2015 年以前	少将、ベトナム人民防空空軍副司令官		
2015 年〜2019 年	中将、ベトナム人民防空空軍司令官		
2016 年 1 月	第 XII 回党大会党中央執行委員会委員		
2019 年〜2020 年	ベトナム人民軍副総参謀長		
2020 年〜現在	上将、国防省副大臣		
2021 年 1 月	党中央執行委員会委員		
現在	党中央執行委員会委員、国防省副大臣		

1.4.180

名前（カタカナ）	ボ　ティ　アイン　スアン		
名前（越・英）	VÕ THỊ ÁNH XUÂN（VO THI ANH XUAN）		
生年月日	1970 年　01 月　08 日生	民族	キン族　（女性）
役職名	党中央委員、ベトナム社会主義共和国副主席		
出身地	アンザン省		
年	経歴		
1994 年 12 月	共産党入党		
2010 年 8 月〜10 月	アンザン省党委大衆工作委員会副委員長		
2011 年〜2013 年	アンザン省タンチャウ県党委書記		
2011 年 1 月	第 XI 回党大会党中央執行委員会委員候補		
2013 年〜2015 年	アンザン省党委副書記		
2015 年〜2021 年	アンザン省党委書記		
2016 年 1 月	第 XII 回党大会党中央執行委員会委員		
2021 年 1 月	党中央執行委員会委員		
2021 年〜現在	ベトナム社会主義共和国副主席		
2023 年 1 月〜2024 年 5 月	ベトナム社会主義共和国代行主席		
現在	党中央執行委員会委員、ベトナム社会主義共和国副主席		

B. 中央執行委員候補（20名）

1.4.181

名前（カタカナ）	グエン　ホアイ　アイン			
名前（越・英）	NGUYỄN HOÀI ANH（NGUYEN HOAI ANH）			
生年月日	1977　年　05　月　02　日生		民族	キン族
役職名	党中央候補委員、ビントゥアン省党委書記（新任）　兼　同省人民評議会議長			
出身地	クアンナム省			
年	経歴			
2003 年 3 月	共産党入党			
2007 年〜2014 年	ビントゥアン省ホーチミン共産青年同盟中央委員会			
2014 年〜2015 年	ビントゥアン省テゥイフォン県党委書記			
2015 年〜2019 年	ビントゥアン省党委大衆工作委員会委員長			
2019 年〜2020 年	ビントゥアン省人民評議会常任副議長			
2020 年〜2024 年 3 月	ビントゥアン省党委副書記　兼　同省人民評議会議長			
2021 年 1 月	党中央執行委員会候補委員			
2024 年 3 月	ビントゥアン省党委書記			
現在	党中央執行委員会候補委員、ビントゥアン省党委書記兼同省人民評議会議長			

1.4.182

名前（カタカナ）	レ　ハイ　ビン			
名前（越・英）	LÊ HẢI BÌNH（LE HAI BINH）			
生年月日	1977　年　06　月　20　日生		民族	キン族
役職名	党中央候補委員、共産主義雑誌編集長（新任）			
出身地	ハイフォン市			
年	経歴			
2013 年以前	副首相、外務省大臣秘書			
2013 年〜2014 年	外務省新聞情報局副局長			
2014 年〜2017 年	外務省新聞情報局局長			
2017 年〜2019 年	外務学院副学長			
2019 年〜2021 年	中央宣伝教育委員会海外情報と国際協力局副局長			
2021 年 1 月	党中央執行委員会候補委員			
2021 年 8 月〜2024 年 3 月	中央宣伝教育委員会副委員長			
2024 年 3 月	共産主義雑誌編集長			
現在	党中央執行委員会候補委員、共産主義雑誌編集長			

第 13 期（2021〜2026 年）ベトナム共産党中央委員会　中央執行委員候補　107

1.4.183

名前（カタカナ）	ボー　チー　コン		
名前（越・英）	VÕ CHÍ CÔNG（VO CHI CONG）		
生年月日	1979　年　10　月　25　日生	民族	キン族
役職名	党中央候補委員、ソクチャン省党委組織委員会委員長		
出身地	ソクチャン省		
年	経歴		
2007 年 1 月	共産党入党		
2011 年以前	ソクチャン省党委組織委員会常務副委員長		
2020 年〜現在	ソクチャン省党委組織委員会委員長		
2021 年 1 月	党中央執行委員会候補委員		
現在	党中央執行委員会候補委員、ソクチャン省党委組織委員会委員長		

1.4.184

名前（カタカナ）	ブイ　テー　ズイ		
名前（越・英）	BÙI THẾ DUY（BUI THE DUY）		
生年月日	1978 年生	民族	キン族
役職名	党中央候補委員、科学技術省副大臣		
出身地	ハノイ市		
年	経歴		
2011 年以前	ベトナム国家大学ハノイ校工科大学教授		
2011 年〜2013 年	ベトナム青年少年学院副学長		
2013 年〜2014 年	ベトナム青年少年学院学長		
2014 年〜2018 年	科学技術省事務局長		
2018 年〜現在	科学技術省副大臣		
2021 年 1 月	党中央執行委員会候補委員		
現在	党中央執行委員会候補委員、科学技術省副大臣		

1.4.185

名前（カタカナ）	ブ　マイン　ハー		
名前（越・英）	VŨ MẠNH HÀ（VU MANH HA）		
生年月日	1979　年　12　月　04　日生	民族	キン族
役職名	党中央候補委員、ライチヤウ省党委副書記		
出身地	ナムディン省		
年	経歴		
2003 年 4 月	共産党入党		
2016 年〜2018 年	ハーザン省青年連合書記		
2018 年〜2020 年	ハーザン省ホアンスーフィ県党委書記		
2020 年〜2023 年	ハーザン省党委宣伝教育委員会委員長		
2021 年 1 月	党中央執行委員会候補委員		
2023 年 5 月	ライチヤウ省党委副書記		
現在	党中央執行委員会候補委員、ライチヤウ省党委副書記		

1.4.186

名前（カタカナ）	グエン　ロン　ハイ			
名前（越・英）	NGUYỄN LONG HẢI（NGUYEN LONG HAI）			
生年月日	1976　年　05　月　03　日生	民族		キン族
役職名	党中央候補委員、中央企業セクター党書記			
出身地	フートー省			
年	経歴			
1998 年 3 月	共産党入党			
2018 年以前	ホーチミン共産青年同盟中央委員会委員			
2018 年〜2020 年	ランソン省人民委員会副会長			
2020 年〜2021 年	バクカン省党委副書記　兼　同省人民委員会会長			
2021 年 1 月	党中央執行委員会候補委員			
現在	党中央執行委員会候補委員、中央企業セクター党書記			

1.4.187

名前（カタカナ）	トン　ゴック　ハイン				
名前（越・英）	TÔN NGỌC HẠNH（TON NGOC HANH）				
生年月日	1980　年　08　月　29　日生	民族		キン族	（女性）
役職名	党中央候補委員、ビンフォック省党委書記（新任）				
出身地	ビンズオン省				
年	経歴				
2002 年 5 月	共産党入党				
2014 年〜2019 年	ビンフォック省労働傷病兵社会局局長				
2020 年〜現在	ビンフォック省ドンソアイ市党委書記				
2021 年 1 月	党中央執行委員会候補委員				
2022 年	ベトナム女性連合会副会長				
2024 年 11 月	ビンフォック省党委書記、第 7 軍区党委委員会				
現在	党中央執行委員会候補委員、ビンフォック省党委書記				

1.4.188

名前（カタカナ）	グエン　ヴァン　ヒエウ		
名前（越・英）	NGUYỄN VĂN HIẾU（NGUYEN VAN HIEU）		
生年月日	1976　年　01　月　09　日生	民族	キン族
役職名	党中央候補委員、カントー市党委書記		
出身地	ビンディン省		
年	経歴		
1996 年 9 月	共産党入党		
2009 年〜2012 年	ホーチミン市ホーチミン共産青年同盟委員会書記		
2012 年〜2016 年	ホーチミン市 2 区党委書記		
2016 年 1 月	第 XII 回党大会党中央執行委員会委員候補		
2016 年〜2020 年	ホーチミン市市委監査委員会委員長		
2020 年〜2021 年	ホーチミン市 5 区党委書記		
2021 年〜2022 年	ホーチミン市トゥドゥック市党委書記		
2021 年 1 月	党中央執行委員会候補委員		
2022 年 6 月〜2023 年 5 月	ホーチミン市党委副書記		
2023 年 5 月	カントー市党委書記		
現在	党中央執行委員会候補委員、カントー市党委書記		

1.4.189

名前（カタカナ）	ウ　フアン		
名前（越・英）	U HUẤN（U　HUAN）		
生年月日	1980　年　01　月　22　日生	民族	ソダン族
役職名	党中央候補委員、コントゥム省党委副書記（新任）		
出身地	コントゥム省		
年	経歴		
2006 年 7 月	共産党入党		
2011 年〜2015 年	コントゥム省内務局副局長		
2015 年〜2020 年	コントゥム省コンライ県党委書記　兼　同県人民評議会議長		
2020 年〜現在	コントゥム省内政委員会委員長		
2021 年 1 月	党中央執行委員会候補委員		
2021 年 7 月〜2024 年 5 月	コントゥム省内政委員会委員長		
2024 年 5 月	コントゥム省党委副書記		
現在	党中央執行委員会候補委員、コントゥム省党委副書記		

1.4.190

名前（カタカナ）	チン　ヴィエット　フン			
名前（越・英）	TRỊNH VIỆT HÙNG （TRINH VIET HUNG）			
生年月日	1977　年　10　月　01　日生		民族	キン族
役職名	党中央候補委員、タイグエン省党委書記（新任）			
出身地	ハイズオン省			
年	経歴			
2004 年 9 月	共産党入党			
2014 年 6 月以前	タイグエン省人民委員会事務局局長			
2014 年 6 月	タイグエン省ドンヒー県党委書記			
2015 年〜2020 年	タイグエン省人民委員会副会長			
2020 年〜2024 年 7 月	タイグエン省党委副書記　兼　同省人民委員会会長			
2021 年 1 月	党中央執行委員会候補委員			
2024 年 7 月	タイグエン省党委書記			
現在	党中央執行委員会候補委員、タイグエン省党委書記			

1.4.191

名前（カタカナ）	ブイ　クアン　フイ			
名前（越・英）	BÙI QUANG HUY （BUI QUANG HUY）			
生年月日	1977　年　03　月　25　日生		民族	キン族
役職名	党中央候補委員、ホーチミン共産青年同盟中央委員会第 1 書記			
出身地	ゲーアン省			
年	経歴			
2002 年 3 月	共産党入党			
2015 年〜2016 年	ホーチミン共産青年同盟中央委員組織局局長			
2016 年〜2020 年	ホーチミン共産青年同盟中央委員会書記			
2020 年〜2022 年	ホーチミン共産青年同盟中央委員会常任書記			
2021 年 1 月	党中央執行委員会候補委員			
現在	党中央執行委員会候補委員、ホーチミン共産青年同盟中央委員会第 1 書記			

1.4.192

名前（カタカナ）	グエン　フィ　ロン			
名前（越・英）	NGUYỄN PHI LONG（NGUYEN PHI LONG）			
生年月日	1976 年 03 月 12 日生	民族		キン族
役職名	党中央候補委員、ホアビン省党委書記			
出身地	イエンバイ省			
年	経歴			
1998 年 3 月	共産党入党			
2014 年	ホーチミン共産青年同盟中央委員会書記			
2018 年〜2020 年	ビンディン省人民委員会副会長			
2020 年〜2022 年	ビンディン省党委副書記　兼　同省人民委員会会長			
2021 年 1 月	党中央執行委員会候補委員			
2022 年 7 月〜現在	ホアビン省党委書記			
現在	党中央執行委員会候補委員、ホアビン省党委書記			

1.4.193

名前（カタカナ）	ホー　ヴァン　ムン			
名前（越・英）	HỒ VĂN MỪNG（HO VAN MUNG）			
生年月日	1977 年 04 月 02 日生	民族		キン族
役職名	党中央候補委員、アンザン省党委副書記（新任）			
出身地	カインホア省			
年	経歴			
2003 年 5 月	共産党入党			
2013 年以前	カインホア省ホーチミン共産青年同盟中央委員会書記			
2013 年〜2016 年	カインホア省ヴァンニン県党委書記			
2020 年〜2021 年	カインホア省党委宣伝教育委員会委員長			
2021 年 1 月	党中央執行委員会候補委員			
2021 年 8 月〜2024 年 9 月	カインホア省ニャーチャン市党委書記			
2024 年 9 月	アンザン省党委副書記			
現在	党中央執行委員会候補委員、アンザン省党委副書記			

1.4.194

名前（カタカナ）	ファン　ニュ　グエン		
名前（越・英）	PHAN NHƯ NGUYỆN （PHAM NHU NGUYEN）		
生年月日	1976 年 09 月 17 日生	民族	キン族
役職名	党中央候補委員、バクリエウ省人民評議会副議長兼同省常務委員会委員		
出身地	バクリエウ省		
年	経歴		
2002 年 3 月	共産党入党		
2015 年以前	バクリエウ省財政局局長　兼　同省常務委員会委員		
2015 年〜2018 年	バクリエウ省人民委員会副会長　兼　同省常務委員会委員		
2018 年〜2020 年	バクリエウ省バクリエウ市党委書記　兼　同省常務委員会委員		
2020 年〜現在	バクリエウ省人民評議会副議長　兼　同省常務委員会委員		
2021 年 1 月	党中央執行委員会候補委員		
現在	党中央執行委員会候補委員、バクリエウ省人民評議会副議長兼同省常務委員会委員		

1.4.195

名前（カタカナ）	イ　ヴィン　トル		
名前（越・英）	Y VINH TƠR （Y VINH TOR）		
生年月日	1976 年 08 月 16 日生	民族	ムノン族
役職名	党中央候補委員、副大臣、民族委員会副会長		
出身地	ダクラク省		
年	経歴		
2004 年 3 月	共産党入党		
2011 年〜2014 年	ダクラク省ホーチミン共産青年同盟中央委員会書記		
2014 年〜2015 年	ダクラク省機関党委書記		
2015 年〜2021 年	ダクラク省ブオンホー市党委書記		
2021 年 3 月〜6 月	ダクラク省人民評議会会副議長		
2021 年〜2022 年	ダクラク省人民評議会議長		
2021 年 1 月	党中央執行委員会候補委員		
2022 年 6 月	副大臣、民族委員会副会長		
現在	党中央執行委員会候補委員、副大臣*、民族委員会副会長		

＊訳者注：副大臣相当という意味

1.4.196

名前（カタカナ）	ルオン　グエン　ミン　チェット
名前（越・英）	LƯƠNG NGUYỄN MINH TRIẾT（LUONG NGUYEN MINH TRIET）
生年月日	1976 年 10 月 15 日生　　民族　　キン族
役職名	党中央候補委員、クアンナム省党委書記（新任）
出身地	クアンナム省
年	経歴
2002 年 8 月	共産党入党
2013 年〜2016 年	ダナン市リエンチェウ区党委書記
2016 年〜2017 年	ダナン市労働組合会長
2017 年〜2020 年	ダナン市市委事務局長
2020 年〜2024 年 1 月	ダナン市党委常任副書記　兼　同市人民評議会議長
2021 年 1 月	党中央執行委員会候補委員
2024 年 1 月	クアンナム省党委書記
現在	党中央執行委員会候補委員、クアンナム省党委書記

1.4.197

名前（カタカナ）	ヴオン　クオック　トゥアン
名前（越・英）	VƯƠNG QUỐC TUẤN（VUONG QUOC TUAN）
生年月日	1977 年 03 月 10 日生　　民族　　キン族
役職名	党中央候補委員、バクニン省党委副書記兼バクニン省人民委員会会長
出身地	バクニン省
年	経歴
2004 年 1 月	共産党入党
2015 年以前	バクニン省団書記
2015 年〜2020 年	バクニン省バクニン市党委書記
2020 年〜2024 年 7 月	バクニン省人民委員会常任副会長
2021 年 1 月	党中央執行委員会候補委員
2024 年 7 月	バクニン省党委副書記　兼　バクニン省人民委員会会長
現在	党中央執行委員会候補委員、バクニン省党委副書記　兼　バクニン省人民委員会会長

1.4.198

名前（カタカナ）	ムア　ア　ヴァン		
名前（越・英）	MÙA A VẢNG（MUA A VANG）		
生年月日	1983 年 09 月 29 日生	民族	モン族
役職名	党中央候補委員、ディエンビエン省党委、ディエンビエン省ディエンビエンドン県党委書記		
出身地	ディエンビエン省		
年	経歴		
2006 年 1 月	共産党入党		
2020 年 10 月	ディエンビエン省代表大会副団長		
2020 年 12 月	ディエンビエン省党委、ディエンビエン省ディエンビエンドン県党委書記		
2021 年 1 月	党中央執行委員会候補委員		
現在	党中央執行委員会候補委員、ディエンビエン省党委、ディエンビエン省ディエンビエンドン県党委書記		

1.4.199

名前（カタカナ）	フイン　クオック　ヴィエット		
名前（越・英）	HUỲNH QUỐC VIỆT（HUYNH QUOC VIET）		
生年月日	1976 年 09 月 25 日生	民族	キン族
役職名	党中央候補委員、バクリエウ省党委常任副書記		
出身地	カーマウ省		
年	経歴		
2003 年 4 月	共産党入党		
2015 年〜2018 年	カーマウ省カイヌオック県党委書記		
2018 年〜2020 年	カーマウ省計画投資局局長		
2020 年〜2021 年	カーマウ省党委常任副書記		
2021 年 1 月	党中央執行委員会候補委員		
2021 年 7 月〜2024 年 7 月	カーマウ省党委副書記　兼　同省人民委員会会長		
2024 年 7 月	バクリエウ省党委常任副書記		
現在	党中央執行委員会候補委員、バクリエウ省党委常任副書記		

1.4.200

名前（カタカナ）	グエン　ミン　ブ			
名前（越・英）	NGUYỄN MINH VŨ（NGUYEN MINH VU）			
生年月日	1976　年　01　月　14　日生		民族	キン族
役職名	党中央候補委員、外務省常任副大臣			
出身地	ハノイ市			
年	経歴			
2001 年 9 月	共産党入党			
2015 年以前	副首相秘書、外務省大臣秘書			
2015 年〜2018 年	APEC2017 の国家秘書局長常任副局長			
2018 年〜2019 年	外務省対外政策局局長			
2019 年〜現在	外務省副大臣			
2021 年 1 月	党中央執行委員会候補委員			
現在	党中央執行委員会候補委員、外務省常任副大臣			

第 15 期国家主席

国家主席

名前（カタカナ）	ルオン　クオン		
名前（越・英）	LƯƠNG CƯỜNG（LUONG CUONG）		
生年月日	1957 年 08 月 15 日生	民族	キン族
役職名	政治局員、ベトナム社会主義共和国主席（新任）		
出身地	フートー省		
年	経歴		
2002 年～2008 年	少将、第 2 軍団政治委員		
2008 年～2011 年	第 3 軍管区政治委員		
2009 年	中将		
2011 年～2016 年	ベトナム人民軍政治総局副局長		
2014 年	上将		
2016 年 1 月	第 XII 回党大会党中央執行委員会委員		
2016 年～現在	ベトナム人民軍政治総局局長		
2019 年	大将		
2021 年 1 月～現在	政治局員		
2024 年 10 月	ベトナム社会主義共和国主席		
現在	政治局員、ベトナム社会主義共和国主席		

国家副主席

名前（カタカナ）	ボ　ティ　アイン　スアン		
名前（越・英）	VÕ THỊ ÁNH XUÂN（VO THI ANH XUAN）		
生年月日	1970 年 01 月 08 日生	民族	キン族（女性）
役職名	党中央委員、ベトナム社会主義共和国副主席		
出身地	アンザン省		
年	経歴		
1994 年 12 月	共産党入党		
2010 年 8 月～10 月	アンザン省党委大衆工作委員会副委員長		
2011 年～2013 年	アンザン省タンチャウ県党委書記		
2011 年 1 月	第 XI 回党大会党中央執行委員会委員候補		
2013 年～2015 年	アンザン省党委副書記		
2015 年～2021 年	アンザン省党委書記		
2016 年 1 月	第 XII 回党大会党中央執行委員会委員		
2021 年 1 月	党中央執行委員会委員		
2021 年～現在	ベトナム社会主義共和国副主席		
2023 年 1 月～2024 年 5 月	ベトナム社会主義共和国代行主席		
現在	党中央執行委員会委員、ベトナム社会主義共和国副主席		

国家主席事務局局長

名前（カタカナ）	レ　カイン　ハイ			
名前（越・英）	LÊ KHÁNH HẢI（LE KHANH HAI）			
生年月日	1966 年　05 月　27 日生		民族	キン族
役職名	党中央委員、ベトナム国家主席事務局局長			
出身地	クアンチ―省			
年	経歴			
1985 年 6 月	共産党入党			
1990 年～2010 年	文化スポーツ観光省			
2010 年～2020 年	文化スポーツ観光省副大臣			
2020 年～2021 年	ベトナム主席事務局副局長			
2021 年 1 月	党中央執行委員会委員			
現在	党中央執行委員会委員、ベトナム国家主席事務局局長			

最高人民裁判所長官

名前（カタカナ）	レ　ミン　チ			
名前（越・英）	LÊ MINH TRÍ（LE MINH TRI）			
生年月日	1960 年　11 月　01 日生		民族	キン族
役職名	書記局員、最高人民裁判所長官（新任）			
出身地	ホーチミン市			
年	経歴			
1984 年 7 月	共産党入党			
2005 年～2010 年	ホーチミン市 1 区党委副書記　兼　同区人民委員会会長			
2010 年～2013 年	ホーチミン市人民委員会副会長			
2013 年～2015 年	中央内政委員会副委員長			
2016 年 1 月	第 XII 回党大会党中央執行委員会委員			
2016 年 4 月～2024 年 8 月	最高人民検察院検事総長			
2021 年 1 月	党中央執行委員会委員			
2024 年 8 月	書記局員			
2024 年 8 月	最高人民裁判所長官			
現在	書記局員、最高人民裁判所長官			

第 15 期国会（2021～2026 年）

国会議長

名前（カタカナ）	チャン タイン マン		
名前（越・英）	TRẦN THANH MẪN（TRAN THANH MAN）		
生年月日	1962 年 08 月 12 日生	民族	キン族
役職名	政治局員、ベトナム社会主義共和国国会議長（新任）		
出身地	ハウザン省		
年	経歴		
1982 年 8 月	共産党入党		
1992 年～1994 年	カントー省ホーチミン共産青年団書記		
1994 年～1999 年	カントー省人民委員会事務局書記		
1999 年～2003 年	カントー市人民委員会委員		
2004 年～2008 年	カントー市ビントゥイ区党委書記		
2008 年～2010 年	同市党委副書記 兼 人民委員会委員長		
2011 年 1 月	第 XI 回党大会党中央執行委員会委員		
2011 年～2015 年	同市党委書記		
2016 年 1 月	第 XII 回党大会党中央執行委員会委員		
2016 年～2017 年 6 月	ベトナム祖国戦線中央委員会副委員長		
2017 年 7 月～2021 年	ベトナム祖国戦線中央委員会委員長		
2021 年 2 月	政治局員		
2021 年～2024 年 5 月	ベトナム社会主義共和国国会常任副議長		
2024 年 5 月	ベトナム社会主義共和国国会議長		
現在	政政治局員、ベトナム社会主義共和国国会議長		

国会副議長

名前（カタカナ）	グエン ドゥック ハイ		
名前（越・英）	NGUYỄN ĐỨC HẢI（NGUYEN DUC HAI）		
生年月日	1961 年 07 月 29 日生	民族	キン族
役職名	党中央委員、ベトナム社会主義共和国国会副議長		
出身地	クアンナム省		
年	経歴		
1984 年 4 月	共産党入党		
2004 年～2008 年	クアンナム省人民委員会委員長		
2008 年～2015 年	クアンナム省党委書記		
2011 年 1 月	第 XI 回党大会党中央執行委員会委員		
2015 年～2016 年	中央検査委員会副委員長		
2016 年 1 月	第 XII 回党大会党中央執行委員会委員		
2016 年～2021 年	国会財政予算委員会委員長		
2021 年 1 月	党中央執行委員会委員		
2021 年～現在	ベトナム社会主義共和国国会副議長		
現在	党中央執行委員会委員、ベトナム社会主義共和国国会副議長		

国会副議長

名前（カタカナ）	グエン　カック　ディン		
名前（越・英）	NGUYỄN KHẮC ĐỊNH（NGUYEN KHAC DINH）		
生年月日	1964 年 01 月 03 日生	民族	キン族
役職名	党中央委員、ベトナム社会主義共和国国会副議長		
出身地	タイビン省		
年	経歴		
1988 年 5 月	共産党入党		
1993 年～2008 年	政府官房		
2008 年～2011 年	政府首相補佐		
2011 年～2016 年	政府官房副長官		
2016 年～2019 年	国会法律委員会委員長		
2016 年 1 月	第 XII 回党大会党中央執行委員会委員		
2020 年～2021 年	カインホア省党委書記		
2021 年 1 月	党中央執行委員会委員		
2021 年～現在	ベトナム社会主義共和国国会副議長		
現在	党中央執行委員会委員、ベトナム社会主義共和国国会副議長		

国会副議長

名前（カタカナ）	チャン　クアン　フオン		
名前（越・英）	TRẦN QUANG PHƯƠNG（TRAN QUANG PHUONG）		
生年月日	1961 年 05 月 06 日生	民族	キン族
役職名	党中央委員、上将、ベトナム社会主義共和国国会副議長		
出身地	クアンガイ省		
年	経歴		
1986 年～2005 年	第 5 軍管区		
2005 年～2006 年	クアンガイ省軍事指揮部副指揮長		
2006 年～2008 年	クアンガイ省軍事党委副書記		
2008 年～2010 年	第 5 軍管区政治局副主任		
2010 年～2011 年	第 5 軍管区政治局主任		
2011 年～2019 年	第 5 軍管区党委書記　兼　同軍管区政治委員		
2011 年	少将		
2019 年	中将		
2016 年 1 月	第 XII 回党大会党中央執行委員会委員		
2019 年～2021 年	上将、ベトナム人民軍政治総局副主任		
2021 年 1 月	党中央執行委員会委員		
現在	党中央執行委員会委員、ベトナム社会主義共和国国会副議長		

国会副議長

名前（カタカナ）	グエン ティ タイン		
名前（越・英）	NGUYỄN THỊ THANH （NGUYEN THI THANH）		
生年月日	1967 年 02 月 10 日生	民族	キン族 （女性）
役職名	党中央委員、ベトナム社会主義共和国国会副議長（新任）		
出身地	ニンビン省		
年	経歴		
1988 年 9 月	共産党入党		
2005 年～2006 年	ニンビン省党委大衆工作委員会副委員長		
2006 年～2012 年	ニンビン省党委大衆工作委員会委員長		
2011 年 1 月	第 XI 回党大会党中央執行委員会委員候補		
2012 年～2013 年	ニンビン省イエンカイン県党委書記		
2013 年～2020 年	ニンビン省党委書記		
2016 年 1 月	第 XII 回党大会党中央執行委員会委員		
2020 年～2021 年	中央組織委員会副委員長		
2021 年 1 月	党中央執行委員会委員		
2021 年～2024 年	国会常務委員会委員　兼　中央組織委員会副委員長		
2024 年 6 月	ベトナム社会主義共和国国会副議長		
現在	党中央執行委員会委員、ベトナム社会主義共和国国会副議長		

国会事務局局長

名前（カタカナ）	レ クアン トゥン		
名前（越・英）	LÊ QUANG TÙNG （LE QUANG TUNG）		
生年月日	1971 年 10 月 30 日生	民族	キン族
役職名	党中央委員、国会常務委員会委員、国会総秘書、国会事務局局長（新任）		
出身地	ハーティン省		
年	経歴		
2003 年 9 月	共産党入党		
2009 年～2011 年	計画投資省科学教育財源環境局局長		
2011 年～2014 年	計画投資省地方経済局局長		
2014 年～2018 年	クアンニン省人民委員会副会長		
2016 年 1 月	第 XII 回党大会党中央執行委員会委員候補		
2018 年～2020 年	文化スポーツ観光省副大臣		
2020 年～2024 年 11 月	クアンチー省党委書記		
2021 年 1 月	党中央執行委員会委員		
2024 年 11 月	国会常務委員会委員、国会総秘書、国会事務局局長		
現在	党中央執行委員会委員、国会常務委員会委員、国会総秘書、国会事務局局長		

国会対外委員会委員長

名前（カタカナ）	ブ　ハイ　ハー			
名前（越・英）	VŨ HẢI HÀ（VU HAI HA）			
生年月日	1969 年　03 月　01 日生		民族	キン族
役職名	党中央委員、国会対外委員会委員長			
出身地	ナムディン省			
年	経歴			
1995 年 4 月	共産党入党			
1995 年〜2011 年	国会事務局			
2011 年〜2013 年	国会対外委員会常任委員			
2013 年〜2021 年	国会対外委員会副委員長			
2021 年 1 月	党中央執行委員会委員			
2021 年〜現在	国会対外委員会委員長			
現在	党中央執行委員会委員、国会対外委員会委員長			

国会経済委員会委員長

名前（カタカナ）	ブ　ホン　タイン			
名前（越・英）	VŨ HỒNG THANH（VU HONG THANH）			
生年月日	1962 年　04 月　19 日生		民族	キン族
役職名	党中央委員、国会経済委員会委員長			
出身地	ハイズオン省			
年	経歴			
1998 年 7 月	共産党入党			
2010 年〜2015 年	クアンニン省ハロン市党委書記			
2015 年〜2016 年	クアンニン省党委副書記			
2016 年 1 月	第 XII 回党大会党中央執行委員会委員			
2016 年〜2021 年	国会経済委員会委員長			
2021 年 1 月	党中央執行委員会委員			
2021 年〜現在	国会経済委員会委員長			
現在	党中央執行委員会委員、国会経済委員会委員長			

第 15 期国会（2021〜2026 年）　123

国会科学技術環境委員長

名前（カタカナ）	レ　クアン　フイ		
名前（越・英）	LÊ QUANG HUY（LE QUANG HUY）		
生年月日	1966 年　09 月　19 日生	民族	キン族
役職名	党中央委員、国会科学技術環境委員長		
出身地	ハノイ市		
年	経歴		
1999 年 9 月	共産党入党		
2007 年〜2011 年	国会科学技術環境常任委員		
2011 年〜2014 年	国会科学技術環境副委員長		
2014 年〜2017 年	ゲーアン省党委副書記		
2017 年〜2021 年	国会科学技術環境副委員長		
2021 年 1 月	党中央執行委員会委員		
2021 年〜現在	国会科学技術環境委員長		
現在	党中央執行委員会委員、国会科学技術環境委員長		

国会文化教育委員会委員長

名前（カタカナ）	グエン　ダック　ヴィン		
名前（越・英）	NGUYỄN ĐẮC VINH（NGUYEN DAC VINH）		
生年月日	1972 年　11 月　25 日生	民族	キン族
役職名	党中央委員、国会文化教育委員会委員長		
出身地	ゲーアン省		
年	経歴		
2003 年 11 月	共産党入党		
2010 年以前	ホーチミン共産青年同盟中央委員会書記		
2011 年〜2016 年	ホーチミン共産青年同盟中央委員会書記　兼　ベトナム青年連合会会長		
2011 年 1 月	第 XI 回党大会党中央執行委員会委員候補		
2016 年 1 月	第 XII 回党大会党中央執行委員会委員		
2016 年〜2019 年	ゲーアン省党委書記		
2019 年〜2021 年	党中央事務局党委書記		
2021 年 1 月	党中央執行委員会委員		
2021 年 4〜7 月	国会文化教育青少年児童委員会委員長		
2021 年 7 月〜現在	国会文化教育委員会委員長		
現在	党中央執行委員会委員、国会文化教育委員会委員長		

国会社会問題委員会委員長

名前（カタカナ）	グエン　トゥイ　アイン			
名前（越・英）	NGUYỄN THÚY ANH（NGUYEN THUY ANH）			
生年月日	1963　年　12　月　07　日生	民族	キン族　　（女性）	
役職名	党中央委員、国会社会問題委員会委員長			
出身地	フートー省			
年	経歴			
1994 年 9 月	共産党入党			
2011 年〜2016 年	国会社会問題委員会副委員長			
2016 年 1 月	第 XII 回党大会党中央執行委員会委員			
2016 年〜現在	国会社会問題委員会委員長			
2021 年 1 月	党中央執行委員会委員			
現在	党中央執行委員会委員、　国会社会問題委員会委員長			

国会司法委員会委員長

名前（カタカナ）	レ　ティ　ガ			
名前（越・英）	LÊ THỊ NGA（LE THI NGA）			
生年月日	1964　年　12　月　20　日生	民族	キン族　　（女性）	
役職名	党中央委員、国会司法委員会委員長			
出身地	ハーティン省			
年	経歴			
1990 年 11 月	共産党入党			
1997 年〜2003 年	国会法律委員会委員			
2003 年〜2005 年	ベトナム主席法律部長			
2005 年〜2007 年	国会法律委員会常任委員			
2007 年〜2016 年	国会司法委員会副委員長			
2016 年〜2021 年	国会司法委員会委員長			
2016 年 1 月	第 XII 回党大会党中央執行委員会委員			
2016 年〜現在	国会司法委員会委員長			
2021 年 1 月	党中央執行委員会委員			
現在	党中央執行委員会委員、国会司法委員会委員長			

国会法律委員会委員長

名前（カタカナ）	ホアン　タイン　トゥン		
名前（越・英）	HOÀNG THANH TÙNG（HOANG THANH TUNG）		
生年月日	1966 年 12 月 25 日生	民族	キン族
役職名	党中央委員、国会常務委員会委員、国会法律委員会委員長		
出身地	ゲーアン省		
年	経歴		
2000 年 5 月	共産党入党		
2003 年〜2007 年	法務文書審査部部長　兼　司法省大臣秘書		
2007 年〜2011 年	国会副議長秘書		
2011 年〜2016 年	国会法律委員会常任委員		
2016 年〜2019 年	国会法律委員会副委員長		
2019 年〜現在	国会法律委員会委員長		
2021 年 1 月	党中央執行委員会委員		
現在	党中央執行委員会委員、国会法律委員会委員長		

国会財政・予算委員会委員長

名前（カタカナ）	レ　クアン　マイン		
名前（越・英）	LÊ QUANG MẠNH（LE QUANG MANH）		
生年月日	1974 年 04 月 14 日生	民族	キン族
役職名	党中央委員、国会常務委員会委員、国会財政・予算委員会委員長		
出身地	ハノイ市		
年	経歴		
2001 年 10 月	共産党入党		
1997 年〜2018 年	計画投資省		
2018 年〜2019 年	計画投資省副大臣		
2019 年〜2020 年	カントー市党委副書記　兼　同市人民委員会委員長		
2020 年〜2023 年	カントー市党委書記		
2021 年 1 月	党中央執行委員会委員		
2023 年 5 月	国会常務委員会委員、国会財政・予算委員会委員長		
現在	党中央執行委員会委員、国会常務委員会委員、国会財政・予算委員会委員長		

国会国防安全保障委員長

名前（カタカナ）	レ　タン　トイ		
名前（越・英）	LÊ TẤN TỚI（LE TAN TOI）		
生年月日	1969 年　04　月　04　日生	民族	キン族
役職名	党中央委員、少将、国会国防安全保障委員長		
出身地	カーマウ省		
年	経歴		
1993 年 6 月	共産党入党		
2013 年〜2016 年	バクリエウ省公安局副局長		
2016 年〜2019 年	バクリエウ省公安局局長		
2015 年〜2020 年	公安省幹部組織局局長　兼　党委書記		
2020 年〜2021 年	公安省副大臣		
2021 年 1 月	党中央執行委員会委員		
現在	党中央執行委員会委員、国会国防安全保障委員長		

国会常務委員会代表者作業委員会委員長

名前（カタカナ）	グエン　タイン　ハイ		
名前（越・英）	NGUYỄN THANH HẢI（NGUYEN THANH HAI）		
生年月日	1970 年　10　月　2 日生	民族	キン族　（女性）
役職名	党中央委員、国会常任委員会委員、国会常務委員代表者作業委員会委員長　兼　党中央組織委員会副委員長（新任）		
出身地	ハノイ市		
年	経歴		
2002 年 10 月	共産党入党		
2009 年〜2011 年	ベトナム青少年学院副院長兼同学院党委書記		
2011 年〜2013 年	国会文化教育青少年児童委員会常任委員		
2013 年〜2015 年	国会事務局副局長、国会文化教育青少年児童委員会委員		
2016 年 1 月	第 XII 回党大会党中央執行委員会委員		
2016 年〜2020 年	国会常務委員会の請願委員会委員長		
2020 年〜2024 年 6 月	タイグエン省党委書記		
2021 年 1 月	党中央執行委員会委員		
2024 年 6 月	国会常任委員会委員、国会代表活動委員会委員長兼党中央組織委員会副委員長		
現在	党中央執行委員会委員、国会常任委員会委員、国会代表活動委員会委員長　兼　党中央組織委員会副委員長		

第15期国会（2021～2026年）　127

国会民願局局長

名前（カタカナ）	ズオン　タイン　ビン		
名前（越・英）	DƯƠNG THANH BÌNH（DUONG THANH BINH）		
生年月日	1961　年　08　月　08　日生	民族	キン族
役職名	党中央委員、国会民願局局長		
出身地	カーマウ省		
年	経歴		
1981 年 1 月	共産党入党		
2003 年～2005 年	カーマウ省党常務委員会委員		
2005 年～2010 年	カーマウ省党委常任副書記		
2010 年～2020 年	カーマウ省党委書記		
2016 年 1 月	第 XII 回党大会党中央執行委員会委員		
2020 年～現在	国会常務委員会会員　民願局局長		
2021 年 1 月	党中央執行委員会委員		
現在	党中央執行委員会委員、国会常務委員会会員民願局局長		

国家会計監査院院長

名前（カタカナ）	ゴ　ヴァン　トゥアン		
名前（越・英）	NGÔ VĂN TUẤN（NGO VAN TUAN）		
生年月日	1971　年　08　月　02　日生	民族	キン族
役職名	党中央委員、国家会計監査院院長		
出身地	バクニン省		
年	経歴		
1998 年 11 月	共産党入党		
2003 年～2005 年	財政省事務局局長		
2006～2008 年	財政省大臣補佐		
2008 年～2016 年	財政省銀行財政局局長		
2017 年～2019 年	中央経済委員会副会長		
2019 年～2020 年	ホアビン省党委副書記		
2020 年～2022 年	ホアビン省党委書記		
2021 年 1 月	党中央執行委員会委員		
2022 年 10 月	国家会計監査院院長		
現在	党中央執行委員会委員、国家会計監査院院長		

国会民族委員長

名前（カタカナ）	イ　タイン　ハー　ニエ　クダム			
名前（越・英）	Y THANH HÀ NIÊ KĐĂM（Y THANH HA NIE KDAM）			
生年月日	1973 年　12 月　23 日生		民族	エーデ族
役職名	党中央委員、国会民族委員長			
出身地	ダクラク省			
年	経歴			
2000 年 10 月	共産党入党			
2014 年〜2015 年	ダクラク省クムガ県党委書記			
2015 年〜2019 年	ダクラク省ブオンマトート市党委書記			
2016 年 1 月	第 XII 回党大会党中央執行委員会候補委員			
2019 年〜2021 年	中央企業セクター党書記			
2021 年 1 月	党中央執行委員会委員			
現在	党中央執行委員会委員、国会民族委員長			

第 15 期ベトナム政府首相・大臣

首相

名前（カタカナ）	ファム　ミン　チン		
名前（越・英）	PHẠM MINH CHÍNH（PHAM MINH CHINH）		
生年月日	1958　年　12　月　10　日生	民族	キン族
役職名	政治局員、ベトナム社会主義共和国首相		
出身地	タインホア省		
年	経歴		
1986 年 12 月	共産党入党		
1984 年	大卒、就職		
1989 年	公安省に勤務		
1996 年	公安大学で業務トレーディング		
2006 年	情報総局副局長		
2010 年	公安省物流・技術総局局長		
2010 年 8 月	公安省副大臣		
2011 年 1 月	第 XI 回党大会党中央執行委員会委員		
2011 年 8 月	クアンニン省党委書記		
2015 年	中央組織委員会副委員長		
2016 年	政治局員、第 XII 回党大会党中央執行委員会委員、中央組織委員会委員長		
2021 年 1 月	政治局員		
2021 年〜現在	ベトナム社会主義共和国首相		
現在	政治局員、ベトナム社会主義共和国首相		

副首相

名前（カタカナ）	グエン　ホア　ビン		
名前（越・英）	NGUYỄN HÒA BÌNH（NGUYEN HOA BINH）		
生年月日	1958　年　05　月　24　日生	民族	キン族
役職名	政治局員、書記局員、ベトナム社会主義共和国常任副首相（新任）		
出身地	クアンガイ省		
年	経歴		
1981 年 10 月	共産党入党		
1992 年〜1999 年	公安省経済警察局		
1997 年〜2006 年	公安省警察総局		
2006 年〜2008 年	少将、警察総局副局長		
2008 年〜2010 年	クアンガイ省党委副書記		
2010 年〜2011 年	同省党委書記		
2011 年 1 月	第 XI 回党大会党中央執行委員会委員		
2011 年〜2016 年	最高人民検察院検事総長		
2016 年 1 月	第 XII 回党大会党中央執行委員会委員		
2016 年〜2024 年 8 月	最高人民裁判所長官		
2021 年 1 月	政治局員		
2024 年 8 月	ベトナム社会主義共和国副主席		
現在	政治局員、書記局員、ベトナム社会主義共和国常任副主席		

副首相

名前（カタカナ）	チャン　ホン　ハー		
名前（越・英）	TRẦN HỒNG HÀ　（TRAN HONG HA）		
生年月日	1963 年　04 月　19 日生	民族	キン族
役職名	党中央執委員、ベトナム社会主義共和国副首相		
出身地	ハーティン省		
年	経歴		
1990 年 7 月	共産党入党		
2005 年〜2008 年	自然環境保護局局長		
2008 年〜2009 年	天然資源環境省副大臣		
2009 年〜2010 年	バリアブンタウ省党委副書記		
2010 年〜2016 年	天然資源環境省副大臣		
2011 年 1 月	第 XI 回党大会党中央執行委員会候補委員		
2016 年 1 月	第 XII 回党大会党中央執行委員会候補委員		
2016 年〜2023 年	天然資源環境省大臣		
2021 年 1 月	党中央執行委員会委員		
現在	党中央執行委員会委員、ベトナム社会主義共和国副首相		

副首相

名前（カタカナ）	レ　タイン　ロン		
名前（越・英）	LÊ THÀNH LONG　（LE THANH LONG）		
生年月日	1963 年　09 月　23 日生	民族	キン族
役職名	党中央委員、ベトナム社会主義共和国副首相（新任）		
出身地	タインホア省		
年	経歴		
1991 年 4 月	共産党入党		
1987 年〜2011 年	司法省		
2011 年〜2014 年	司法省副大臣		
2014 年〜2015 年	ハーティン省党委副書記		
2015 年〜2016 年	司法省副大臣		
2016 年〜2024 年 6 月	司法省大臣		
2016 年 1 月	第 XII 回党大会党中央執行委員会委員		
2021 年 1 月	党中央執行委員会委員		
2024 年 6 月	ベトナム社会主義共和国副首相		
現在	党中央執行委員会委員、ベトナム社会主義共和国副首相		

副首相

名前（カタカナ）	ホー　ドゥック　フォク			
名前（越・英）	**HỒ ĐỨC PHÓC**（HO DUC PHOC）			
生年月日	1963 年　11 月　01 日生	民族		キン族
役職名	党中央委員、ベトナム社会主義共和国副首相（新任）			
出身地	ゲーアン省			
年	経歴			
1993 年 7 月	共産党入党			
2004 年〜2007 年	ゲーアン省クアロ市党委副書記　兼　同市人民委員会委員長			
2007 年〜2010 年	ゲーアン省人民委員会副委員長			
2010 年〜2013 年	ゲーアン省党委副書記　兼　同省人民委員会委員長			
2013 年〜2015 年	ゲーアン省党委書記			
2016 年 1 月	第 XII 回党大会党中央執行委員会委員			
2016 年〜2021 年	国家会計検査院院長			
2021 年 1 月	党中央執行委員会委員			
2021 年〜2024 年 8 月	財政省大臣			
2024 年 8 月	ベトナム社会主義共和国副首相			
現在	党中央執行委員会委員、ベトナム社会主義共和国副首相			

副首相

名前（カタカナ）				
名前（越・英）	**BÙI THANH SƠN**（BUI THANH SON）			
生年月日	1962 年　10 月　16 日生	民族		キン族
役職名	党中央委員、外務省大臣、ベトナム社会主義共和国副首相（新任）			
出身地	ハノイ市			
年	経歴			
1986 年 6 月	共産党入党			
2000 年〜2003 年	在シンガポールベトナム大使館第二士官			
2003 年〜2007 年	外務省対外政策局副局長			
2007 年〜2008 年	外務省対外政策局局長			
2008 年〜2009 年	外務省対外政策局局長　兼　同省大臣補佐			
2009 年〜2016 年	外務省副大臣			
2016 年 1 月	第 XII 回党大会党中央執行委員会委員			
2016 年〜2021 年	外務省常任副大臣			
2021 年 1 月	党中央執行委員会委員			
2021 年〜現在	外務省大臣			
2024 年 8 月	ベトナム社会主義共和国副首相			
現在	党中央執行委員会委員、外務省大臣、ベトナム社会主義共和国副首相			

閣僚

国防省大臣

名前（カタカナ）	ファン　ヴァン　ザン			
名前（越・英）	PHAN VĂN GIANG（PHAN VAN GIANG）			
生年月日	1960　年　10　月　14　日生		民族	キン族
役職名	政治局員、大将、国防省大臣			
出身地	ナムディン省			
年	経歴			
2010 年	少将、第 1 軍団司令官			
2011 年〜2014 年	中将、ベトナム人民軍総参謀副長			
2014 年〜2016 年	中将、第 1 軍管区司令官			
2016 年 4 月	第 XII 回党大会党中央執行委員会委員			
2016 年〜2021 年	国防省副大臣　兼　ベトナム人民軍総参謀長			
2021 年 1 月	政治局員			
2021 年〜現在	国防省大臣			
現在	政治局員、大将、国防省大臣			

公安省大臣

名前（カタカナ）	ルオン　タム　クアン			
名前（越・英）	LƯƠNG TAM QUANG（LUONG TAM QUANG）			
生年月日	1965　年　10　月　17　日生		民族	キン族
役職名	政治局員、大将、公安省大臣（新任）			
出身地	フンイエン省			
年	経歴			
1988 年 11 月	共産党入党			
2012 年以前	公安省副大臣補佐			
2012 年〜2017 年	公安省副事務局長			
2015 年	少将			
2017 年〜2019 年	公安省事務局長			
2019 年〜2024 年 6 月	中将、公安省副大臣			
2021 年 1 月	党中央執行委員会委員			
2022 年 1 月	上将			
2024 年 6 月	公安省大臣			
2024 年 8 月	政治局員			
2024 年 10 月	大将			
現在	政治局員、大将、公安省大臣			

外務省大臣

名前（カタカナ）	ブイ　タイン　ソン		
名前（越・英）	BÙI THANH SƠN（BUI THANH SON）		
生年月日	1962 年　10 月　16 日生	民族	キン族
役職名	党中央委員、外務省大臣、ベトナム社会主義共和国副首相（新任）		
出身地	ハノイ市		
年	経歴		
1986 年 6 月	共産党入党		
2000 年～2003 年	在シンガポールベトナム大使館第二士官		
2003 年～2007 年	外務省対外政策局副局長		
2007 年～2008 年	外務省対外政策局局長		
2008 年～2009 年	外務省対外政策局局長　兼　同省大臣補佐		
2009 年～2016 年	外務省副大臣		
2016 年 1 月	第 XII 回党大会党中央執行委員会委員		
2016 年～2021 年	外務省常任副大臣		
2021 年 1 月	党中央執行委員会委員		
2021 年～現在	外務省大臣		
2024 年 8 月	ベトナム社会主義共和国副首相		
現在	党中央執行委員会委員、外務省大臣、ベトナム社会主義共和国副首相		

司法省大臣

名前（カタカナ）	グエン　ハイ　ニン		
名前（越・英）	NGUYỄN HẢI NINH（NGUYEN HAI NINH）		
生年月日	1976 年　01 月　24 日生	民族	キン族
役職名	党中央委員、司法省大臣（新任）		
出身地	フンイエン省		
年	経歴		
1998 年 3 月	共産党入党		
2006 年	中央内政局		
2007 年～2012 年	党中央事務局法律及び司法改革部副部長		
2013 年	党中央事務局秘書、部長		
2014 年～2019 年	ダクラク省人民委員会副委員長		
2016 年 1 月	第 XII 回党大会党中央執行委員会委員候補		
2019 年～2021 年	党中央事務局副局長		
2021 年 1 月	党中央執行委員会委員		
2021 年～2024 年 8 月	カインホア省党委書記		
2024 年 8 月	司法省大臣		
現在	党中央執行委員会委員、司法省大臣		

財政省大臣

名前（カタカナ）	グエン　ヴァン　タン		
名前（越・英）	NGUYỄN VĂN THẮNG（NGUYEN VAN THANG）		
生年月日	1973 年　09 月　12 日生	民族	キン族
役職名	党中央委員、財政省大臣（新任）		
出身地	ハノイ市		
年	経歴		
2003 年 5 月	共産党入党		
2016 年〜2018 年	ベトナム工商銀行取締役会会長　兼　党委書記		
2016 年 1 月	第 XII 回党大会党中央執行委員会委員候補		
2018 年〜2019 年	クアンニン省人民委員会副会長		
2019 年〜2020 年	クアンニン省党委副書記　兼　同省人民委員会会長		
2020 年〜2022 年 10 月	ディエンビエン省党委書記		
2021 年 1 月	党中央執行委員会委員		
2022 年 10 月〜2024 年 11 月	交通運輸省大臣		
2024 年 11 月〜現在	財政省大臣		
現在	党中央執行委員会委員、財政省大臣		

交通運輸省大臣

名前（カタカナ）	チャン　ホン　ミン		
名前（越・英）	TRẦN HỒNG MINH（TRAN HONG MINH）		
生年月日	1967 年　11 月　04 日生	民族	キン族
役職名	党中央委員、交通運輸省大臣（新任）		
出身地	ハノイ市		
年	経歴		
2014 年 12 月	少将		
2016 年〜2017 年	第 1 軍管区副司令官		
2017 年 9 月〜12 月	少将、第 1 軍管区副司令官　兼　参謀長		
2018 年〜2019 年	中将、第 1 軍管区司令官		
2019 年〜2021 年	工業国防総局主任		
2021 年 1 月	党中央執行委員会委員		
2021 年 1 月〜2024 年 11 月	カオバン省党委書記		
2024 年 11 月	交通運輸省大臣		
現在	党中央執行委員会委員、交通運輸省大臣		

内務省大臣

名前（カタカナ）	ファム ティ タイン チャ		
名前（越・英）	PHẠM THỊ THANH TRÀ （PHAM THI THANH TRA）		
生年月日	1964 年 01 月 21 日生	民族	キン族 （女性）
役職名	党中央委員会、内務省大臣		
出身地	ゲーアン省		
年	経歴		
1993 年 6 月	共産党入党		
2002 年〜2006 年	イエンバイ省ホーチミン共産青年同盟書記		
2006 年〜2008 年	イエンバイ省党委宣伝教育局局長		
2008 年〜2011 年	イエンバイ省人民委員会副会長		
2011 年〜2014 年	イエンバイ省イエンバイ市党委書記		
2014 年〜2016 年	イエンバイ省党委副書記　兼　同省人民委員会会長		
2016 年〜2017 年	イエンバイ省党委書記　兼　同省人民委員会会長		
2017 年〜2020 年	イエンバイ省党委書記　兼　同省人民評議会議長		
2016 年 1 月	第 XII 回党大会党中央執行委員会委員		
2020 年〜2021 年	内務省副大臣		
2021 年 1 月	党中央執行委員会委員		
2021 年〜現在	内務省大臣		
現在	党中央執行委員会委員、内務省大臣		

商工省大臣

名前（カタカナ）	グエン ホン ジエン		
名前（越・英）	NGUYỄN HỒNG DIÊN （NGUYEN HONG DIEN）		
生年月日	1965 年 03 月 16 日生	民族	キン族
役職名	党中央委員、商工省大臣		
出身地	タイビン省		
年	経歴		
1985 年 2 月	共産党入党		
2007 年〜2015 年	タイビン省宣伝教育委員会委員長		
2010 年〜2018 年	タイビン省党委副書記		
2016 年 1 月	第 XII 回党大会党中央執行委員会委員		
2018 年〜2020 年	タイビン省党委書記　兼　同省人民評議会議長		
2020 年〜2021 年	中央宣伝教育委員会副委員長		
2021 年 1 月	党中央執行委員会委員		
2021 年〜現在	商工省大臣		
現在	党中央委員、商工省大臣		

計画投資省大臣

名前（カタカナ）	グエン　チー　ズン		
名前（越・英）	NGUYỄN CHÍ DŨNG （NGUYEN CHI DUNG）		
生年月日	1960 年　08　月　05　日生	民族	キン族
役職名	党中央委員、計画投資省大臣		
出身地	ハーティン省		
年	経歴		
1987 年 9 月	共産党入党		
2008 年以前	計画投資省		
2008 年〜2009 年	計画投資省副大臣		
2009 年〜2010 年	ニントゥアン省人民委員会委員長　兼　同省党委副書記		
2011 年 1 月	第 XI 回党大会党中央執行委員会委員		
2011 年〜2014 年	ニントゥアン省党委書記　兼　同省人民評議会議長		
2014 年〜2016 年	計画投資省副大臣		
2016 年 1 月	第 XII 回党大会党中央執行委員会委員		
2016 年〜現在	計画投資省大臣		
2021 年 1 月	党中央執行委員会委員		
現在	党中央執行委員会委員、計画投資省大臣		

建設省大臣

名前（カタカナ）	グエン　タイン　ギー		
名前（越・英）	NGUYỄN THANH NGHỊ （NGUYEN THANH NGHI）		
生年月日	1976 年　08　月　12　日生	民族	キン族
役職名	党中央委員、建設省大臣		
出身地	カーマウ省		
年	経歴		
1991 年 1 月	共産党入党		
1999 年〜2008 年	ホーチミン建築大学教授		
2008 年〜2011 年	ホーチミン建築大学副学長		
2011 年 1 月	第 XI 回党大会党中央執行委員会委員候補		
2011 年〜2014 年	建設省副大臣		
2014 年〜2015 年	キエンザン省党委副書記　兼　同省人民委員会副委員長		
2015 年〜2020 年	キエンザン省党委書記		
2016 年 1 月	第 XII 回党大会党中央執行委員会委員		
2020 年〜2021 年	建設省副大臣		
2021 年 1 月	党中央執行委員会委員		
2021 年〜現在	建設省大臣		
現在	党中央執行委員会委員、建設省大臣		

天然資源環境省大臣

名前（カタカナ）	ドー　ドゥック　ズイ			
名前（越・英）	ĐỖ ĐỨC DUY（DO DUC DUY）			
生年月日	1970 年　05 月　20 日生	民族		キン族
役職名	党中央委員、天然資源環境省大臣（新任）			
出身地	タイビン省			
年	経歴			
1999 年 5 月	共産党入党			
2015 年〜2017 年	建設省副大臣			
2017 年〜2020 年	イエンバイ省党委副書記			
2020 年〜2024 年	イエンバイ省党委書記省党委書記			
2021 年 1 月	党中央執行委員会委員			
2024 年 8 月	天然資源環境省大臣			
現在	党中央執行委員会委員、天然資源環境省大臣			

農業農村開発省大臣

名前（カタカナ）	レ　ミン　ホアン			
名前（越・英）	LÊ MINH HOAN（LE MINH HOAN）			
生年月日	1961 年　01 月　19 日生	民族		キン族
役職名	党中央委員、農業農村開発省大臣			
出身地	ドンタップ省			
年	経歴			
1988 年 7 月	共産党入党			
2003 年〜2008 年	ドンタップ省人民委員会副委員長			
2008 年〜2010 年	ドンタップ省カオライン市党委書記			
2010 年〜2014 年	ドンタップ省人民委員会委員長　兼　同省党委副書記			
2014 年〜2020 年	ドンタップ省党委書記			
2016 年 1 月	第 XII 回党大会党中央執行委員会委員			
2020 年〜2021 年	農業農村開発省副大臣			
2021 年 1 月	党中央執行委員会委員			
2021 年〜現在	農業農村開発省大臣			
現在	党中央執行委員会委員、農業農村開発省大臣			

科学技術省大臣

名前（カタカナ）	フイン　タイン　ダット			
名前（越・英）	HUỲNH THÀNH ĐẠT　（HUYNH THANH DAT）			
生年月日	1962 年　08　月　26　日生		民族	キン族
役職名	党中央委員、科学技術省大臣			
出身地	ベンチェー省			
年	経歴			
1990 年 9 月	共産党入党			
1987 年〜1996 年	ホーチミン総合大学			
1996 年〜2004 年	ホーチミン市国家大学			
2004 年〜2017 年	ホーチミン市国家大学常任副学長			
2016 年 1 月	第 XII 回党大会党中央執行委員会委員			
2017 年〜2021 年	ホーチミン市国家大学学長			
2020 年〜現在	科学技術省大臣			
2021 年 1 月	党中央執行委員会委員			
現在	党中央執行委員会委員、科学技術省大臣			

文化スポーツ観光省大臣

名前（カタカナ）	グエン　ヴァン　フン			
名前（越・英）	NGUYỄN VĂN HÙNG　（NGUYEN VAN HUNG）			
生年月日	1961 年　04　月　20　日生		民族	キン族
役職名	党中央委員、文化スポーツ観光省大臣			
出身地	クアンチー省			
年	経歴			
1982 年 12 月	共産党入党			
2015 年 1 月〜10 月	クアンチー省党委副書記			
2015 年〜2020 年	クアンチー省党委書記			
2016 年 1 月	第 XII 回党大会党中央執行委員会委員			
2020 年〜2021 年	文化スポーツ観光省副大臣			
2021 年 1 月	党中央執行委員会委員			
2021 年〜現在	文化スポーツ観光省大臣			
現在	党中央執行委員会委員、文化スポーツ観光省大臣			

情報通信省大臣

名前（カタカナ）	グエン　マイン　フン		
名前（越・英）	NGUYỄN MẠNH HÙNG （NGUYEN MANH HUNG）		
生年月日	1962 年　07 月　24 日生	民族	キン族
役職名	党中央委員、情報通信省大臣		
出身地	バクニン省		
年	経歴		
1984 年 6 月	共産党入党		
2005 年〜2014 年	軍事通信産業グループ（ベトテルグループ）副社長		
2014 年〜2018 年	少将、軍事通信産業グループ（ベトテルグループ）社長		
2016 年 1 月	第 XII 回党大会党中央執行委員会委員		
2018 年〜現在	情報通信省大臣		
2021 年 1 月	党中央執行委員会委員		
現在	党中央執行委員会委員、情報通信省大臣		

労働傷病兵社会省大臣

名前（カタカナ）	ダオ　ゴック　ズン		
名前（越・英）	ĐÀO NGỌC DUNG （DAO NGOC DUNG）		
生年月日	1962 年　06 月　06 日生	民族	キン族
役職名	党中央委員、労働傷病兵社会省大臣		
出身地	ハーナム省		
年	経歴		
1984 年 12 月	共産党入党		
2003 年〜2005 年	ベトナムホーチミン中央共産青年団常任書記		
2006 年 4 月	第 X 回党大会党中央執行委員会委員		
2007 年〜2010 年	北西指導委員会副委員長		
2010 年〜2011 年	イエンバイ省党委書記		
2011 年 1 月	第 XI 回党大会党中央執行委員会委員		
2011 年〜2016 年	中央直轄機関党委書記		
2016 年 1 月	第 XII 回党大会党中央執行委員会委員		
2016 年〜現在	労働傷病兵社会省大臣		
2021 年 1 月	党中央執行委員会委員		
2024 年 5 月	懲戒処分として戒告処分を受ける		
現在	党中央執行委員会委員、労働傷病兵社会省大臣		

保健省大臣

名前（カタカナ）	ダオ　ホン　ラン			
名前（越・英）	ĐÀO HỒNG LAN （DAO HONG LAN）			
生年月日	1971 年 07 月 23 日生	民族	キン族	（女性）
役職名	党中央委員、保健省大臣			
出身地	ハイズオン省			
年	経歴			
2001 年 3 月	共産党入党			
1995 年～2014 年	労働傷病兵社会省			
2014 年～2018 年	労働傷病兵社会省副大臣			
2016 年 1 月	第 XII 回党大会党中央執行委員会候補委員			
2018 年～2020 年	バクニン省党委副書記			
2020 年～2022 年	バクニン省党委書記			
2021 年 1 月	党中央執行委員会委員			
現在	党中央執行委員会委員、保健省大臣			

教育訓練省大臣

名前（カタカナ）	グエン　キム　ソン		
名前（越・英）	NGUYỄN KIM SƠN （NGUYEN KIM SON）		
生年月日	1966 年 11 月 18 日生	民族	キン族
役職名	党中央委員、教育訓練省大臣		
出身地	ハイフォン市		
年	経歴		
2000 年 12 月	共産党入党		
2008 年～2009 年	ハノイ国家大学人文社会科学大学教授　兼　中国研究センター長		
2009 年～2011 年	ハノイ国家大学人文社会科学大学副学長　兼　中国研究センター長		
2012 年～2016 年	ハノイ国家大学副学長　兼　党委副書記		
2016 年～2021 年	ハノイ国家大学学長　兼　党委書記		
2021 年 1 月	党中央執行委員会委員		
2021 年～現在	教育省大臣		
現在	党中央執行委員会委員、教育訓練省大臣		

国家銀行総裁

名前（カタカナ）	グエン ティ ホン		
名前（越・英）	NGUYỄN THỊ HỒNG （NGUYEN THI HONG）		
生年月日	1968 年 03 月 27 日生	民族	キン族 （女性）
役職名	党中央委員、国家銀行総裁		
出身地	ハノイ市		
年	経歴		
1999 年 10 月	共産党入党		
2012 年～2014 年	政策通貨局局長		
2014 年～2020 年	ベトナム国家銀行副総裁		
2020 年 11 月～現在	ベトナム国家銀行総裁		
2021 年 1 月	党中央執行委員会委員		
現在	党中央執行委員会委員、国家銀行総裁		

政府事務局局長

名前（カタカナ）	チャン ヴァン ソン		
名前（越・英）	TRẦN VĂN SƠN （TRAN VAN SON）		
生年月日	1961 年 12 月 01 日生	民族	キン族
役職名	党中央委員、大臣、政府事務局局長		
出身地	ナムディン省		
年	経歴		
1995 年 5 月	共産党入党		
2003 年以前	建設省		
2003 年～2007 年	建設省バックダン建設会社社長		
2007 年～2009 年	建設省バックダン建設会社取締役会会長		
2009 年～2014 年	建設省副大臣		
2014 年～2015 年	ディエンビエン省党委副書記		
2015 年～2020 年	ディエンビエン省党委書記		
2016 年 1 月	第 XII 回党大会党中央執行委員会委員		
2020 年～2021 年	政府官房副長官　兼　党委書記		
2021 年 1 月	党中央執行委員会委員		
2021 年～現在	大臣、政府官房長官		
現在	党中央執行委員会委員、大臣＊、政府事務局局長		

＊訳者注：大臣相当という意味

政府監査委員会委員長

名前（カタカナ）	ドアン　ホン　フォン			
名前（越・英）	ĐOÀN HỒNG PHONG （DOAN HONG PHONG）			
生年月日	1963 年 01 月 02 日生		民族	キン族
役職名	党中央委員、政府監査委員会委員長			
出身地	ナムディン省			
年	経歴			
1993 年 12 月	共産党入党			
2003 年〜2008 年	ナムディン省財政局局長			
2008 年〜2009 年	ナムディン省イエン県党委書記			
2009 年〜2014 年	ナムディン省人民委員会副委員長			
2014 年〜2015 年	ナムディン省党委副書記　兼　同省人民委員会委員長			
2015 年〜2021 年	ナムディン省党委書記			
2016 年 1 月	第 XII 回党大会党中央執行委員会委員			
2021 年 1 月	党中央執行委員会委員			
2021 年〜現在	政府監査委員会委員長			
現在	党中央執行委員会委員、政府監査委員会委員長			

民族委員会委員長

名前（カタカナ）	ハウ　ア　レン			
名前（越・英）	HÀU A LỀNH （HAU A LENH）			
生年月日	1973 年 06 月 22 日生		民族	モン族
役職名	党中央委員、大臣、民族委員会委員長			
出身地	ラオカイ省			
年	経歴			
1994 年 1 月	共産党入党			
1995 年〜2000 年	国防省第 2 総局			
2000 年〜2001 年	ラオカイ省サパ県組織委員会委員			
2001 年〜2004 年	サパ県ホーチミ共産青年団書記			
2005 年〜2010 年	サパ県党委副書記兼同県人民委員会委員長、ラオカイ省人民評議会会議員			
2006 年 5 月	第 X 回党大会党中央執行委員会候補委員			
2010 年〜2015 年	サパ県党委書記			
2011 年 1 月	第 XI 回党大会党中央執行委員会候補委員			
2015 年 8 月〜9 月	ラオカイ省党委副書記			
2015 年〜2017 年	タイバク指導委員会常任副委員長			
2016 年 1 月	第 XII 回党大会党中央執行委員会委員			
2018 年〜2021 年	ベトナム祖国戦線中央委員会副委員長			
2021 年 1 月	党中央執行委員会委員			
2018 年〜現在	大臣、民族委員会委員長			
現在	党中央執行委員会委員、大臣、民族委員会委員長			

索　引

辞任・除名・解任・免職・死亡者リスト

	名前（越・英）	名前（カタカナ）	ページ	備考
1.4.006	TRẦN TUẤN ANH （TRAN TUAN ANH）	チャン トゥアン アイン	22	辞任
1.4.034	ĐINH TIẾN DŨNG （DINH TIEN DUNG）	ディン ティエン ズン	36	辞任
1.4.002	CHU NGỌC ANH （CHU NGOC ANH）	チュー ゴック アイン	20	除名
1.4.078	HOÀNG THỊ THÚY LAN （HOANG THI THUY LAN）	ホアン ティ トゥイ ラン	57	除名
1.4.083	NGUYỄN THANH LONG （NGUYEN THANH LONG）	グエン タイン ロン	60	除名
1.4.098	TRẦN VĂN NAM （TRAN VAN NAM）	チャン ヴァン ナム	66	除名
1.4.120	TRẦN ĐỨC QUẬN （TRAN DUC QUAN）	チャン ドゥック クアン	77	除名
1.4.137	DƯƠNG VĂN THÁI （DUONG VAN THAI）	ズオン ヴァン タイ	85	除名
1.4.140	PHẠM XUÂN THĂNG （PHAM XUAN THANG）	ファム スアン タン	86	除名
1.4.156	NGUYỄN VĂN THỂ （NGUYEN VAN THE）	グエン ヴァン テー	94	除名
1.4.058	VƯƠNG ĐÌNH HUỆ （VUONG DINH HUE）	ヴオン ディン フエ	48	解任
1.4.018	BÙI VĂN CƯỜNG （BUI VAN CUONG）	ブイ ヴァン クオン	28	解任
1.4.070	LÊ MINH KHÁI （LE MINH KHAI）	レ ミン カイ	53	解任
1.4.072	ĐẶNG QUỐC KHÁNH（DANG QUOC KHANH）	ダン クオック カイン	54	解任
1.4.074	NGUYỄN XUÂN KÝ （NGUYEN XUAN KY）	グエン スアン キ	55	解任
1.4.075	CHÂU VĂN LÂM （CHAU VAN LAM）	チャウ ヴァン ラム	56	解任
1.4.086	TRƯƠNG THỊ MAI （TRUONG THI MAI）	チュオン ティ マイ	61	解任
1.4.116	NGUYỄN THÀNH PHONG （NGUYEN THANH PHONG）	グエン タイン フォン	75	解任
1.4.121	BÙI NHẬT QUANG （BUI NHAT QUANG	ブイ ニャット クアン	77	解任
1.4.157	LÊ ĐỨC THỌ （LE DUC THO）	レ ドゥック トー	94	解任
1.4.158	VÕ VĂN THƯỞNG （VO VAN THUONG）	ボー ヴァン トゥオン	95	解任
1.4.022	NGUYỄN PHÚ CƯỜNG （NGUYEN PHU CUONG）	グエン フー クオン	30	免職
1.4.025	VŨ ĐỨC ĐAM （VU DUC DAM）	ヴ ドゥック ダム	32	免職
1.4.093	PHẠM BÌNH MINH （PHAM BINH MINH）	ファム ビン ミン	64	免職
1.4.177	HUỲNH TẤN VIỆT （HUYNH TAN VIET）	フイン タン ヴィエト	104	免職
1.4.023	PHAN VIỆT CƯỜNG （PHAN VIET CUONG）	ファン ヴィエット クオン	31	解任
1.4.068	ĐIỂU K'RÉ （DIEU K'RE）	ジエウ クレ	52	解任
1.4.117	NGUYỄN XUÂN PHÚC （NGUYEN XUAN PHUC）	グエン スアン フック	75	解任
1.4.062	NGUYỄN VĂN HÙNG （NGUYEN VAN HUNG）	グエン ヴァン フン	50	逝去
1.4.154	LÊ VĂN THÀNH （LE VAN THANH）	レ ヴァン タイン	93	逝去
1.4.166	NGUYỄN PHÚ TRỌNG （NGUYEN PHU TRONG）	グエン フー チョン	99	逝去

146　改訂2版　ベトナム国家最高指導者　2021〜2026

新任者リスト

1.1.001	TÔ LÂM（TO LAM）	トー　ラム	5, 6	新任
1.2.002	LƯƠNG CƯỜNG（LUONG CUONG）	ルオン　クオン	6, 117	新任
1.2.004	TRẦN THANH MẪN（TRAN THANH MAN）	チャン　タイン　マン	7, 119	新任
1.2.007	LÊ MINH HƯNG（LE MINH HUNG）	レ　ミン　フン	9	新任
1.2.009	BÙI THỊ MINH HOÀI（BUI THI MINH HOAI）	ブイ　ティ　ミン　ホアイ	10	新任
1.2.012	NGUYỄN HÒA BÌNH（NGUYEN HOA BINH）	グエン　ホア　ビン	11, 129	新任
1.2.015	LƯƠNG TAM QUANG（LUONG TAM QUANG）	ルオン　タム　クアン	13, 132	新任
1.3.001	TÔ LÂM（TO LAM）	トー　ラム	14	新任
1.3.004	LÊ MINH HƯNG（LE MINH HUNG）	レ　ミン　フン	15	新任
1.3.005	NGUYỄN HÒA BÌNH（NGUYEN HOA BINH）	グエン　ホア　ビン	16, 129	新任
1.3.009	NGUYỄN DUY NGỌC（NGUYEN DUY NGOC）	**グエン　ズイ　ゴック**	18	新任
1.3.010	TRỊNH VĂN QUYẾT（TRINH VAN QUYET）	チン　ヴァン　クエット	18	新任
1.3.011	LÊ MINH TRÍ（LE MINH TRI）	レ　ミン　チ	19	新任
1.4.001	DƯƠNG VĂN AN（DUONG VAN AN）	ズオン　ヴァン　アン	20	新任
1.4.009	NGUYỄN HÒA BÌNH（NGUYEN HOA BINH）	グエン　ホア　ビン	24, 129	新任
1.4.015	MAI VĂN CHÍNH（MAI VAN CHINH）	マイ　ヴァン　チン	27	新任
1.4.019	LƯƠNG CƯỜNG（LUONG CUONG）	ルオン　クオン	29, 117	新任
1.4.021	NGUYỄN MẠNH CƯỜNG（NGUYEN MANH CUONG）	グエン　マイン　クオン	30	新任
1.4.031	NGUYỄN QUỐC ĐOÀN（NGUYEN QUOC DOAN）	グエン　クオック　ドアン	34	新任
1.4.032	NGUYỄN HỮU ĐÔNG（NGUYEN HUU DONG）	グエン　フウ　ドン	35	新任
1.4.042	ĐỖ ĐỨC DUY（DO DUC DUY）	ドー　ドゥック　ズイ	40	新任
1.4.049	NGÔ ĐÔNG HẢI（NGO DONG HAI）	ゴ　ドン　ハイ	43	新任
1.4.051	NGUYỄN THANH HẢI（NGUYEN THANH HAI）	グエン　タイン　ハイ	44, 126	新任
1.4.064	ĐỖ TRỌNG HƯNG（DO TRONG HUNG）	ドー　チョン　フン	50	新任
1.4.065	LÊ MINH HƯNG（LE MINH HUNG）	レ　ミン　フン	51	新任
1.4.076	TÔ LÂM（TO LAM）	トー　ラム	56	新任
1.4.082	LÊ THÀNH LONG（LE THANH LONG）	レ　タイン　ロン	59, 130	新任
1.4.089	TRẦN THANH MẪN（TRAN THANH MAN）	チャン　タイン　マン	62, 119	新任
1.4.094	TRẦN HỒNG MINH（TRAN HONG MINH）	チャン　ホン　ミン	64, 134	新任
1.4.100	HÀ THỊ NGA（HA THI NGA）	ハー　ティ　ガ	67	新任
1.4.107	NGUYỄN DUY NGỌC（NGUYEN DUY NGOC）	グエン　ズイ　ゴック	71	新任
1.4.111	NGUYỄN HẢI NINH（NGUYEN HAI NINH）	グエン　ハイ　ニン	73, 133	新任
1.4.112	HỒ ĐỨC PHỚC（HO DUC PHOC）	ホー　ドゥック　フォク	73, 131	新任
1.4.124	LÊ NGỌC QUANG（LE NGOC QUANG）	レ　ゴック　クアン	78	新任
1.4.125	LƯƠNG TAM QUANG（LUONG TAM QUANG）	ルオン　タム　クアン	79, 132	新任
1.4.126	TRẦN LƯU QUANG（TRAN LUU QUANG）	チャン　ルー　クアン	79	新任
1.4.128	THÁI THANH QUÝ（THAI THANH QUY）	タイ　タイン　クイ	80	新任
1.4.129	TRỊNH VĂN QUYẾT（TRINH VAN QUYET）	チン　ヴァン　クエット	81	新任

1.4.132	BÙI THANH SƠN （BUI THANH SON）	ブイ タイン ソン	82, 131, 133	新任
1.4.143	NGUYỄN VĂN THẮNG （NGUYEN VAN THANG）	グエン ヴァン タン	87, 134	新任
1.4.147	VŨ ĐẠI THẮNG （VU DAI THANG）	ブ ダイ タン	89	新任
1.4.150	NGUYỄN THỊ THANH （NGUYEN THI THANH）	グエン ティ タイン	91, 121	新任
1.4.155	NGHIÊM XUÂN THÀNH （NGHIEM XUAN THANH）	ギエム スアン タイン	93	新任
1.4.165	LÊ MINH TRÍ （LE MINH TRI）	レ ミン チ	98, 116	新任
1.4.172	PHẠM GIA TÚC （PHAM GIA TUC）	ファム ザー トゥク	102	新任
1.4.174	LÊ QUANG TÙNG （LE QUANG TUNG）	レ クアン トゥン	103, 121	新任
1.4.175	NGUYỄN THỊ TUYẾN （NGUYEN THI TUYEN）	グエン ティ トゥエン	103	新任
1.4.181	NGUYỄN HOÀI ANH （NGUYEN HOAI ANH）	グエン ホアイ アイン	106	新任
1.4.182	LÊ HẢI BÌNH （LE HAI BINH）	レ ハイ ビン	106	新任
1.4.187	TÔN NGỌC HẠNH （TON NGOC HANH）	トン ゴック ハイン	108	新任
1.4.189	U HUÁN （U HUAN）	ウ フアン	109	新任
1.4.190	TRỊNH VIỆT HÙNG （TRINH VIET HUNG）	チン ヴィエット フン	110	新任
1.4.193	HỒ VĂN MỪNG （HO VAN MUNG）	ホー ヴァン ムン	111	新任
1.4.196	LƯƠNG NGUYỄN MINH TRIẾT （LUONG NGUYEN MINH TRIET）	ルオン グエン ミン チェット	113	新任

女性

	名前(越・英)	名前(カタカナ)	生年	役職	ページ
1.4.005	NGUYỄN THÚY ANH　(NGUYEN THUY ANH)	グエン　トゥイ　アイン	1963	党中央委員、国会社会問題委員会委員長	22, 124
1.4.045	NGUYỄN THỊ THU HÀ　(NGUYEN THI THU HA)	グエン　ティ トゥ　ハー	1970	党中央委員、ベトナム祖国戦線中央委員会副委員長兼総書記	41
1.4.051	NGUYỄN THANH HẢI　(NGUYEN THANH HAI)	グエン　タイン　ハイ	1970	党中央委員、国会常任委員会委員、国会代表活動委員会委員長兼党中央組織委員会副委員長	44, 126
1.4.054	BÙI THỊ MINH HOÀI　(BUI THI MINH HOAI)	ブイ　ティ ミン　ホアイ	1965	政治局員、ハノイ市党委員会書記	46
1.4.056	NGUYỄN THỊ HỒNG　(NGUYEN THI HONG)	グエン　ティ　ホン	1968	党中央委員、国家銀行総裁	47, 141
1.4.077	ĐÀO HỒNG LAN　(DAO HONG LAN)	ダオ　ホン　ラン	1971	党中央委員、保健省大臣	57, 140
1.4.078	HOÀNG THỊ THÚY LAN　(HOANG THI THUY LAN)	ホアン　ティ トゥイ　ラン	1966		57
1.4.086	TRƯƠNG THỊ MAI　(TRUONG THI MAI)	チュオン　ティ　マイ	1958		61
1.4.096	GIÀNG PÁO MỶ　(GIANG PAO MY)	ザン　パオ　ミー	1963	党中央委員、ライチャウ省党委書記兼同省人民評議会議長	65
1.4.100	HÀ THỊ NGA　(HA THI NGA)	ハー　ティ　ガ	1969	党中央委員、トゥエンクアン省党委書記	67
1.4.101	LÊ THỊ NGA　(LE THI NGA)	レ　ティ　ガ	1964	党中央委員、国会司法委員会委員長	68, 124
1.4.148	LÂM THỊ PHƯƠNG THANH　(LAM THI PHUONG THANH)	ラム　ティ フオン　タイン	1967	党中央委員、中央党事務局副局長	90
1.4.150	NGUYỄN THỊ THANH　(NGUYEN THI THANH)	グエン　ティ タイン	1967	党中央委員、国会副議長	91, 121
1.4.159	LÊ THỊ THỦY　(LE THI THUY)	レ　ティ トゥイ	1964	**党中央委員、ハーナム省党委書記兼同省人民評議会議長**	95
1.4.162	PHẠM THỊ THANH TRÀ　(PHAM THI THANH TRA)	ファム　ティ タイン　チャ	1964	党中央委員会、内務省大臣	97, 135
1.4.175	NGUYỄN THỊ TUYẾN　(NGUYEN THI TUYEN)	グエン　ティ トゥエン	1971	**党中央委員、ベトナム女性連合会会長**	103
1.4.176	BÙI THỊ QUỲNH VÂN　(BUI THI QUYNH VAN)	ブイ　ティ クイン　ヴァン	1974	党中央委員、クアンガイ省党委書記兼同省人民評議会議長	104
1.4.180	VÕ THỊ ÁNH XUÂN　(VO THI ANH XUAN)	ボ　ティ アイン スアン	1970	党中央委員、国家副主席	105, 117
1.4.187	TÔN NGỌC HẠNH　(TON NGOC HANH)	トン　ゴック　ハイン	1980	**党中央候補委員、ビンフォック省党委書記**	108

出身地別 149

出身地別

	名前（越・英）	名前（カタカナ）	出身地	地域	ページ	備考
1.4.189	U HUẤN（U　HUAN）	ウ　フアン	コントゥム省	中部高原	109	新任
1.4.110	HỒ VĂN NIÊN（HO VAN NIEN）	ホー　ヴァン　ニエン	ザーライ省	中部高原	72	
1.4.068	ĐIÊU K'RÉ（DIEU K'RE）	ジエウ　クレ	ダクノン省	中部高原	52	解任
1.4.069	Y THANH HÀ NIÊ KĐĂM（Y THANH HA NIE KDAM）	イ　タイン　ハー　ニエ　ク　ダム	ダクラク省	中部高原	53, 128	
1.4.195	Y VINH TƠR（Y VINH TOR）	イ　ヴィン　トル	ダクラク省	中部高原	112	
1.2.008	NGUYỄN TRỌNG NGHĨA（NGUYEN TRONG NGHIA）	グエン　チョン　ギア	タイニン省	東南部	9	
1.4.011	LÊ TIẾN CHÂU（LE TIEN CHAU）	レ　ティエン　チャウ	タイニン省	東南部	25	
1.4.099	NGUYỄN VĂN NÊN（NGUYEN VAN NEN）	グエン　ヴァン　ネン	タイニン省	東南部	67	
1.4.126	TRẦN LƯU QUANG（TRAN LUU QUANG）	チャン　ルー　クアン	タイニン省	東南部	79	新任
1.4.136	NGUYỄN THÀNH TÂM（NGUYEN THANH TAM）	グエン　タイン　タム	タイニン省	東南部	84	
1.4.022	NGUYỄN PHÚ CƯỜNG（NGUYEN PHU CUONG）	グエン　フー　クオン	ビンズオン省	東南部	30	免職
1.4.098	TRẦN VĂN NAM（TRAN VAN NAM）	チャン　ヴァン　ナム	ビンズオン省	東南部	66	除名
1.4.142	NGUYỄN TRƯỜNG THẮNG（NGUYEN TRUONG THANG）	グエン　チュオン　タン	ビンズオン省	東南部	87	
1.4.187	TÔN NGỌC HẠNH（TON NGOC HANH）	トン　ゴック　ハイン	ビンズオン省	東南部	108	新任
1.4.081	NGUYỄN VĂN LỢI（NGUYEN VAN LOI）	グエン　ヴァン　ロイ	ホーチミン市	東南部	59	
1.4.165	LÊ MINH TRÍ（LE MINH TRI）	レ　ミン　チ	ホーチミン市	東南部	98, 116	新任
1.4.073	TRẦN VIỆT KHOA（TRAN VIET KHOA）	チャン　ヴィエト　コア	ヴィンフック省	紅河デルタ	55	
1.4.078	HOÀNG THỊ THÚY LAN（HOANG THI THUY LAN）	ホアン　ティ　トウイ　ラン	ヴィンフック省	紅河デルタ	57	除名
1.4.113	ĐẶNG XUÂN PHONG（DANG XUAN PHONG）	ダン　スアン　フォン	ヴィンフック省	紅河デルタ	74	
1.4.146	TRẦN ĐỨC THẮNG（TRAN DUC THANG）	チャン　ドゥック　タン	ヴィンフック省	紅河デルタ	89	
1.4.155	NGHIÊM XUÂN THÀNH（NGHIEM XUAN THANH）	ギエム　スアン　タイン	ヴィンフック省	紅河デルタ	93	新任
1.4.138	LÊ ĐỨC THÁI（LE DUC THAI）	レ　ドゥック　タイ	クアンニン省	紅河デルタ	85	
1.2.005	TRẦN CẨM TÚ（TRAN CAM TU）	チャン　カム　トゥ	クアンビン省	紅河デルタ	8	
1.4.028	NGUYỄN HỒNG DIÊN（NGUYEN HONG DIEN）	グエン　ホン　ジエン	タイビン省	紅河デルタ	33, 135	
1.4.029	NGUYỄN KHẮC ĐỊNH（NGUYEN KHAC DINH）	グエン　カック　ディン	タイビン省	紅河デルタ	33, 120	
1.4.030	LƯƠNG QUỐC ĐOÀN（LUONG QUOC DOAN）	ルオン　クオック　ドアン	タイビン省	紅河デルタ	34	
1.4.042	ĐỖ ĐỨC DUY（DO DUC DUY）	ドー　ドゥック　ズイ	タイビン省	紅河デルタ	40	新任
1.4.053	NGUYỄN VĂN HIỀN（NGUYEN VAN HIEN）	グエン　ヴァン　ヒエン	タイビン省	紅河デルタ	45	
1.2.007	LÊ MINH HƯNG（LE MINH HUNG）	レ　ミン　フン	ナムディン省	紅河デルタ	9	新任
1.2.012	NGUYỄN HÒA BÌNH（NGUYEN HOA BINH）	グエン　ホア　ビン	ナムディン省	紅河デルタ	11, 129	新任
1.4.024	TRẦN QUỐC CƯỜNG（TRAN QUOC CUONG）	チャン　クオック　クオン	ナムディン省	紅河デルタ	31	
1.4.044	PHAN VĂN GIANG（PHAN VAN GIANG）	ファン　ヴァン　ザン	ナムディン省	紅河デルタ	41, 132	
1.4.047	VŨ HẢI HÀ（VU HAI HA）	ブ　ハイ　ハー	ナムディン省	紅河デルタ	42, 122	
1.4.074	NGUYỄN XUÂN KÝ（NGUYEN XUAN KY）	グエン　スアン　キ	ナムディン省	紅河デルタ	55	解任
1.4.083	NGUYỄN THANH LONG（NGUYEN THANH LONG）	グエン　タイン　ロン	ナムディン省	紅河デルタ	60	除名
1.4.093	PHẠM BÌNH MINH（PHAM BINH MINH）	ファム　ビン　ミン	ナムディン省	紅河デルタ	64	免職
1.4.095	LẠI XUÂN MÔN（LAI XUAN MON）	ライ　スアン　モン	ナムディン省	紅河デルタ	65	
1.4.108	NGUYỄN QUANG NGỌC（NGUYEN QUANG NGOC）	グエン　クアン　ゴック	ナムディン省	紅河デルタ	71	
1.4.114	ĐOÀN HỒNG PHONG（DOAN HONG PHONG）	ドアン　ホン　フォン	ナムディン省	紅河デルタ	74, 142	
1.4.131	VŨ HẢI SẢN（VU HAI SAN）	ブ　ハイ　サン	ナムディン省	紅河デルタ	82	
1.4.134	TRẦN VĂN SƠN（TRAN VAN SON）	チャン　ヴァン　ソン	ナムディン省	紅河デルタ	83, 141	
1.4.172	PHẠM GIA TÚC（PHAM GIA TUC）	ファム　ザー　トゥック	ナムディン省	紅河デルタ	102	新任
1.4.185	VŨ MẠNH HÀ（VU MANH HA）	ブ　マイン　ハー	ナムディン省	紅河デルタ	107	
1.4.031	NGUYỄN QUỐC ĐOÀN（NGUYEN QUOC DOAN）	グエン　クオック　ドアン	ニンビン省	紅河デルタ	34	新任
1.4.034	ĐINH TIẾN DŨNG（DINH TIEN DUNG）	ディン　ティエン　ズン	ニンビン省	紅河デルタ	36	辞任
1.4.045	NGUYỄN THỊ THU HÀ（NGUYEN THI THU HA）	グエン　ティ　トゥ　ハー	ニンビン省	紅河デルタ	41	
1.4.119	VŨ HẢI QUÂN（VU HAI QUAN）	ブ　ハイ　クアン	ニンビン省	紅河デルタ	76	

1.4.148	LÂM THỊ PHƯƠNG THANH（LAM THI PHUONG THANH）	ラム ティ フオン タイン	ニンビン省	紅河デルタ	90	
1.4.150	NGUYỄN THỊ THANH（NGUYEN THI THANH）	グエン ティ タイン	ニンビン省	紅河デルタ	91, 121	新任
1.4.160	TRẦN QUỐC TỎ（TRAN QUOC TO）	チャン クオック ト	ニンビン省	紅河デルタ	96	
1.3.010	TRỊNH VĂN QUYẾT（TRINH VAN QUYET）	チン ヴァン クエット	ハーナム省	紅河デルタ	18	新任
1.4.017	NGUYỄN TÂN CƯƠNG（NGUYEN TAN CUONG）	グエン タン クオン	ハーナム省	紅河デルタ	28	
1.4.033	ĐÀO NGỌC DUNG（DAO NGOC DUNG）	ダオ ゴック ズン	ハーナム省	紅河デルタ	35, 139	
1.4.054	BÙI THỊ MINH HOÀI（BUI THI MINH HOAI）	ブイ ティ ミン ホアイ	ハーナム省	紅河デルタ	46	
1.4.106	TRẦN THANH NGHIÊM（TRAN THANH NGHIEM）	チャン タイン ギエム	ハーナム省	紅河デルタ	70	
1.4.018	BÙI VĂN CƯỜNG（BUI VAN CUONG）	ブイ ヴァン クオン	ハイズオン省	紅河デルタ	28	解任
1.4.025	VŨ ĐỨC ĐAM（VU DUC DAM）	ヴ ドゥック ダム	ハイズオン省	紅河デルタ	32	免職
1.4.077	ĐÀO HỒNG LAN（DAO HONG LAN）	ダオ ホン ラン	ハイズオン省	紅河デルタ	57, 140	
1.4.129	TRỊNH VĂN QUYẾT（TRINH VAN QUYET）	チン ヴァン クエット	ハイズオン省	紅河デルタ	81	新任
1.4.140	PHẠM XUÂN THĂNG（PHAM XUAN THANG）	ファム スアン タン	ハイズオン省	紅河デルタ	86	除名
1.4.145	PHẠM TẤT THẮNG（PHAM TAT THANG）	ファム タット タン	ハイズオン省	紅河デルタ	88	
1.4.153	VŨ HỒNG THANH（VU HONG THANH）	ヴ ホン タイン	ハイズオン省	紅河デルタ	92, 122	
1.4.190	TRỊNH VIỆT HÙNG（TRINH VIET HUNG）	チン ヴィエット フン	ハイズオン省	紅河デルタ	110	新任
1.4.004	NGUYỄN HOÀNG ANH（NGUYEN HOANG ANH）	グエン ホアン アイン	ハイフォン市	紅河デルタ	21	
1.4.127	NGUYỄN VĂN QUẢNG（NGUYEN VAN QUANG）	グエン ヴァン クアン	ハイフォン市	紅河デルタ	80	
1.4.133	NGUYỄN KIM SƠN（NGUYEN KIM SON）	グエン キム ソン	ハイフォン市	紅河デルタ	83, 140	
1.4.154	LÊ VĂN THÀNH（LE VAN THANH）	レ ヴァン タイン	ハイフォン市	紅河デルタ	93	逝去
1.4.182	LÊ HẢI BÌNH（LE HAI BINH）	レ ハイ ビン	ハイフォン市	紅河デルタ	106	新任
1.4.061	NGUYỄN MẠNH HÙNG（NGUYEN MANH HUNG）	グエン マイン フン	バクニン省	紅河デルタ	49, 139	
1.4.071	NGUYỄN ĐÌNH KHANG（NGUYEN DINH KHANG）	グエン ディン カン	バクニン省	紅河デルタ	54	
1.4.170	NGÔ VĂN TUẤN（NGO VAN TUAN）	ゴ ヴァン トゥアン	バクニン省	紅河デルタ	101, 127	
1.4.197	VƯƠNG QUỐC TUẤN（VUONG QUOC TUAN）	ヴオン クオック トゥアン	バクニン省	紅河デルタ	113	
1.4.002	CHU NGỌC ANH（CHU NGOC ANH）	チュー ゴック アイン	ハノイ市	紅河デルタ	20	除名
1.4.003	NGUYỄN DOÃN ANH（NGUYEN DOAN ANH）	グエン ゾアン アイン	ハノイ市	紅河デルタ	21	
1.4.040	NGUYỄN QUANG DƯƠNG（NGUYEN QUANG DUONG）	グエン クアン ズオン	ハノイ市	紅河デルタ	39	
1.4.041	PHẠM ĐẠI DƯƠNG（PHAM DAI DUONG）	ファム ダイ ズオン	ハノイ市	紅河デルタ	39	
1.4.051	NGUYỄN THANH HẢI（NGUYEN THANH HAI）	グエン タイン ハイ	ハノイ市	紅河デルタ	44, 126	新任
1.4.056	NGUYỄN THỊ HỒNG（NGUYEN THI HONG）	グエン ティ ホン	ハノイ市	紅河デルタ	47, 141	
1.4.067	LÊ QUANG HUY（LE QUANG HUY）	レ クアン フイ	ハノイ市	紅河デルタ	52, 123	
1.4.090	LÊ QUANG MẠNH（LE QUANG MANH）	レ クアン マイン	ハノイ市	紅河デルタ	63, 125	
1.4.094	TRẦN HỒNG MINH（TRAN HONG MINH）	チャン ホン ミン	ハノイ市	紅河デルタ	64, 134	新任
1.4.103	NGUYỄN HỮU NGHĨA（NGUYEN HUU NGHIA）	グエン フウ ギア	ハノイ市	紅河デルタ	69	
1.4.115	LÊ QUỐC PHONG（LE QUOC PHONG）	レ クオック フォン	ハノイ市	紅河デルタ	75	
1.4.121	BÙI NHẬT QUANG（BUI NHAT QUANG	ブイ ニャット クアン	ハノイ市	紅河デルタ	77	解任
1.4.132	BÙI THANH SƠN（BUI THANH SON）	ブイ タイン ソン	ハノイ市	紅河デルタ	82, 131, 133	新任
1.4.143	NGUYỄN VĂN THẮNG（NGUYEN VAN THANG）	グエン ヴァン タン	ハノイ市	紅河デルタ	87, 134	新任
1.4.147	VŨ ĐẠI THẮNG（VU DAI THANG）	ヴ ダイ タン	ハノイ市	紅河デルタ	89	新任
1.4.166	NGUYỄN PHÚ TRỌNG（NGUYEN PHU TRONG）	グエン フー チョン	ハノイ市	紅河デルタ	99	逝去
1.4.175	NGUYỄN THỊ TUYẾN（NGUYEN THI TUYEN）	グエン ティ トゥエン	ハノイ市	紅河デルタ	103	新任
1.4.179	LÊ HUY VỊNH（LE HUY VINH）	レ フイ ヴィン	ハノイ市	紅河デルタ	105	
1.4.184	BÙI THẾ DUY（BUI THE DUY）	ブイ テー ズイ	ハノイ市	紅河デルタ	107	
1.4.200	NGUYỄN MINH VŨ（NGUYEN MINH VU）	グエン ミン ブ	ハノイ市	紅河デルタ	115	
1.2.009	BÙI THỊ MINH HOÀI（BUI THI MINH HOAI）	ブイ ティ ミン ホアイ	フンイエン省	紅河デルタ	10	新任
1.4.013	HOÀNG XUÂN CHIẾN（HOANG XUAN CHIEN）	ホアン スアン チエン	フンイエン省	紅河デルタ	26	
1.4.107	NGUYỄN DUY NGỌC（NGUYEN DUY NGOC）	グエン ズイ ゴック	フンイエン省	紅河デルタ	71	新任
1.4.111	NGUYỄN HẢI NINH（NGUYEN HAI NINH）	グエン ハイ ニン	フンイエン省	紅河デルタ	73, 133	新任
1.4.125	LƯƠNG TAM QUANG（LUONG TAM QUANG）	ルオン タム クアン	フンイエン省	紅河デルタ	79, 132	新任
1.4.135	ĐỖ TIẾN SỸ（DO TIEN SY）	ドー ティエン シ	フンイエン省	紅河デルタ	84	
1.4.139	NGUYỄN HỒNG THÁI（NGUYEN HONG THAI）	グエン ホン タイ	フンイエン省	紅河デルタ	86	
1.1.001	TÔ LÂM（TO LAM）	トー ラム	フンイエン省	紅河デルタ	5	新任

出身地別　151

1.2.001 1.3.001	TÔ LÂM（TO LAM）	トー　ラム	フンイエン省	紅河デルタ	6, 14	新任
1.4.076	TÔ LÂM（TO LAM）	トー　ラム	フンイエン省	紅河デルタ	56	新任
1.4.193	HỒ VĂN MỪNG（HO VAN MUNG）	ホー　ヴァン　ムン	カインホア省	北中部及び中部沿岸地域	111	新任
1.2.013	NGUYỄN XUÂN THẮNG（NGUYEN XUAN THANG）	グエン　スアン　タン	クアンガイ省	北中部及び中部沿岸地域	12	
1.3.006	NGUYỄN TRỌNG NGHĨA（NGUYEN TRONG NGHIA）	グエン　チョン　ギア	クアンガイ省	北中部及び中部沿岸地域	16	
1.4.006	TRẦN TUẤN ANH（TRAN TUAN ANH）	チャン　トゥアン　アイン	クアンガイ省	北中部及び中部沿岸地域	22	辞任
1.4.009	NGUYỄN HÒA BÌNH（NGUYEN HOA BINH）	グエン　ホア　ビン	クアンガイ省	北中部及び中部沿岸地域	24, 129	新任
1.4.118	TRẦN QUANG PHƯƠNG（TRAN QUANG PHUONG）	チャン　クアン　フオン	クアンガイ省	北中部及び中部沿岸地域	76, 120	
1.4.164	DƯƠNG VĂN TRANG（DUONG VAN TRANG）	ズオン　ヴァン　チャン	クアンガイ省	北中部及び中部沿岸地域	98	
1.4.176	BÙI THỊ QUỲNH VÂN（BUI THI QUYNH VAN）	ブイ　ティ　クイン　ヴァン	クアンガイ省	北中部及び中部沿岸地域	104	
1.4.048	LÊ KHÁNH HẢI（LE KHANH HAI）	レ　カイン　ハイ	クアンチー省	北中部及び中部沿岸地域	43	
1.4.063	NGUYỄN VĂN HÙNG（NGUYEN VAN HUNG）	グエン　ヴァン　フン	クアンチー省	北中部及び中部沿岸地域	50, 138	
1.2.002	LƯƠNG CƯỜNG（LUONG CUONG）	ルオン　クオン	クアンナム省	北中部及び中部沿岸地域	6, 117	新任
1.4.023	PHAN VIỆT CƯỜNG（PHAN VIET CUONG）	ファン　ヴィエット　クオン	クアンナム省	北中部及び中部沿岸地域	31	解任
1.4.050	NGUYỄN ĐỨC HẢI（NGUYEN DUC HAI）	グエン　ドゥック　ハイ	クアンナム省	北中部及び中部沿岸地域	44, 119	
1.4.062	NGUYỄN VĂN HÙNG（NGUYEN VAN HUNG）	グエン　ヴァン　フン	クアンナム省	北中部及び中部沿岸地域	50	逝去
1.4.117	NGUYỄN XUÂN PHÚC（NGUYEN XUAN PHUC）	グエン　スアン　フック	クアンナム省	北中部及び中部沿岸地域	75	解任
1.4.151	PHẠM VIỆT THANH（PHAM VIET THANH）	ファム　ヴィエット　タイン	クアンナム省	北中部及び中部沿岸地域	91	
1.4.181	NGUYỄN HOÀI ANH（NGUYEN HOAI ANH）	グエン　ホアイ　アイン	クアンナム省	北中部及び中部沿岸地域	106	新任
1.4.196	LƯƠNG NGUYỄN MINH TRIẾT（LUONG NGUYEN MINH TRIET）	ルオン　グエン　ミン　チエット	クアンナム省	北中部及び中部沿岸地域	113	新任
1.3.003	PHAN ĐÌNH TRẠC（PHAN DINH TRAC）	ファン　ディン　チャック	クアンビン省	北中部及び中部沿岸地域	15	
1.4.084	VÕ MINH LƯƠNG（VO MINH LUONG）	ボー　ミン　ルオン	クアンビン省	北中部及び中部沿岸地域	60	
1.4.086	TRƯƠNG THỊ MAI（TRUONG THI MAI）	チュオン　ティ　マイ	クアンビン省	北中部及び中部沿岸地域	61	解任
1.4.122	HOÀNG ĐĂNG QUANG（HOANG DANG QUANG）	ホアン　ダン　クアン	クアンビン省	北中部及び中部沿岸地域	77	
1.2.004	TRẦN THANH MẪN（TRAN THANH MAN）	チャン　タイン　マン	ゲーアン省	北中部及び中部沿岸地域	7, 119	新任
1.2.010	ĐỖ VĂN CHIẾN（DO VAN CHIEN）	ドー　ヴァン　チエン	ゲーアン省	北中部及び中部沿岸地域	10	
1.2.015	LƯƠNG TAM QUANG（LUONG TAM QUANG）	ルオン　タム　クアン	ゲーアン省	北中部及び中部沿岸地域	13, 132	新任
1.3.005	NGUYỄN HÒA BÌNH（NGUYEN HOA BINH）	グエン　ホア　ビン	ゲーアン省	北中部及び中部沿岸地域	16, 129	新任
1.4.021	NGUYỄN MẠNH CƯỜNG（NGUYEN MANH CUONG）	グエン　マイン　クオン	ゲーアン省	北中部及び中部沿岸地域	30	新任
1.4.058	VƯƠNG ĐÌNH HUỆ（VUONG DINH HUE）	ヴオン　ディン　フエ	ゲーアン省	北中部及び中部沿岸地域	48	解任

1.4.092	LÊ QUỐC MINH （LE QUOC MINH）	レ クオック ミン	ゲーアン省	北中部及び中部沿岸地域	64	
1.4.112	HỒ ĐỨC PHỚC （HO DUC PHOC）	ホー ドゥック フォク	ゲーアン省	北中部及び中部沿岸地域	73, 131	新任
1.4.128	THÁI THANH QUÝ （THAI THANH QUY）	タイ タイン クイ	ゲーアン省	北中部及び中部沿岸地域	80	新任
1.4.144	NGUYỄN XUÂN THẮNG （NGUYEN XUAN THANG）	グエン スアン タン	ゲーアン省	北中部及び中部沿岸地域	88	
1.4.152	TRẦN SỸ THANH （TRAN SY THANH）	チャン シ タイン	ゲーアン省	北中部及び中部沿岸地域	92	
1.4.159	LÊ THỊ THỦY （LE THI THUY）	レ ティ トゥイ	ゲーアン省	北中部及び中部沿岸地域	95	
1.4.162	PHẠM THỊ THANH TRÀ （PHAM THI THANH TRA）	ファム ティ タイン チャ	ゲーアン省	北中部及び中部沿岸地域	97, 135	
1.4.163	PHAN ĐÌNH TRẠC （PHAN DINH TRAC）	ファン ディン チャック	ゲーアン省	北中部及び中部沿岸地域	97	
1.4.168	NGUYỄN ĐÌNH TRUNG （NGUYEN DINH TRUNG）	グエン ディン チュン	ゲーアン省	北中部及び中部沿岸地域	100	
1.4.173	HOÀNG THANH TÙNG （HOANG THANH TUNG）	ホアン タイン トゥン	ゲーアン省	北中部及び中部沿岸地域	102, 125	
1.4.178	NGUYỄN ĐẮC VINH （NGUYEN DAC VINH）	グエン ダック ヴィン	ゲーアン省	北中部及び中部沿岸地域	104, 123	
1.4.191	BÙI QUANG HUY （BUI QUANG HUY）	ブイ クアン フイ	ゲーアン省	北中部及び中部沿岸地域	110	
1.2.003	PHẠM MINH CHÍNH （PHẠM MINH CHÍNH）	ファム ミン チン	タインホア省	北中部及び中部沿岸地域	7, 129	
1.4.016	PHẠM MINH CHÍNH （PHAM MINH CHINH）	ファム ミン チン	タインホア省	北中部及び中部沿岸地域	27, 129	
1.4.064	ĐỖ TRỌNG HƯNG （DO TRONG HUNG）	ドー チョン フン	タインホア省	北中部及び中部沿岸地域	50	新任
1.4.082	LÊ THÀNH LONG （LE THANH LONG）	レ タイン ロン	タインホア省	北中部及び中部沿岸地域	59, 130	新任
1.4.124	LÊ NGỌC QUANG （LE NGOC QUANG）	レ ゴック クアン	タインホア省	北中部及び中部沿岸地域	78	新任
1.4.171	NGUYỄN ANH TUẤN （NGUYEN ANH TUAN）	グエン アイン トゥアン	タインホア省	北中部及び中部沿岸地域	101	
1.4.109	THÁI ĐẠI NGỌC （THAI DAI NGOC）	タイ ダイ ゴック	ダナン市	北中部及び中部沿岸地域	72	
1.4.120	TRẦN ĐỨC QUẬN （TRAN DUC QUAN）	チャン ドゥック クアン	ダナン市	北中部及び中部沿岸地域	77	除名
1.4.001	DƯƠNG VĂN AN （DUONG VAN AN）	ズオン ヴァン アン	トゥアティエンフエ省	北中部及び中部沿岸地域	20	新任
1.4.059	LÊ QUỐC HÙNG （LE QUOC HUNG）	レ クオック フン	トゥアティエンフエ省	北中部及び中部沿岸地域	48	
1.4.085	LÊ TRƯỜNG LƯU （LE TRUONG LUU）	レ チュオン ルー	トゥアティエンフエ省	北中部及び中部沿岸地域	60	
1.4.091	CHÂU VĂN MINH （CHAU VAN MINH）	チャウ ヴァン ミン	トゥアティエンフエ省	北中部及び中部沿岸地域	63	
1.4.167	LÊ HOÀI TRUNG （LE HOAI TRUNG）	レ ホアイ チュン	トゥアティエンフエ省	北中部及び中部沿岸地域	99	
1.2.011	PHAN VĂN GIANG （PHAN VAN GIANG）	ファン ヴァン ザン	ハーティン省	北中部及び中部沿岸地域	11, 132	
1.3.004	LÊ MINH HƯNG （LE MINH HUNG）	レ ミン フン	ハーティン省	北中部及び中部沿岸地域	15	新任
1.3.007	ĐỖ VĂN CHIẾN （DO VAN CHIEN）	ドー ヴァン チエン	ハーティン省	北中部及び中部沿岸地域	17	
1.4.036	HOÀNG TRUNG DŨNG （HOANG TRUNG DUNG）	ホアン チュン ズン	ハーティン省	北中部及び中部沿岸地域	37	

1.4.037	NGUYỄN CHÍ DŨNG （NGUYEN CHI DUNG）	グエン チー ズン	ハーティン省	北中部及び中部沿岸地域	37, 136	
1.4.046	TRẦN HỒNG HÀ （TRAN HONG HA）	チャン ホン ハー	ハーティン省	北中部及び中部沿岸地域	42, 130	
1.4.057	ĐOÀN MINH HUẤN （DAO MINH HUAN）	ダオ ミン フアン	ハーティン省	北中部及び中部沿岸地域	47	
1.4.065	LÊ MINH HƯNG （LE MINH HUNG）	レ ミン フン	ハーティン省	北中部及び中部沿岸地域	51	新任
1.4.066	TRẦN TIẾN HƯNG （TRAN TIEN HUNG）	チャン ティエン フン	ハーティン省	北中部及び中部沿岸地域	51	
1.4.072	ĐẶNG QUỐC KHÁNH（DANG QUOC KHANH）	ダン クオック カイン	ハーティン省	北中部及び中部沿岸地域	54	解任
1.4.101	LÊ THỊ NGA （LE THI NGA）	レ ティ ガ	ハーティン省	北中部及び中部沿岸地域	68, 124	
1.4.149	NGUYỄN ĐỨC THANH （NGUYEN DUC THANH）	グエン ドック タイン	ハーティン省	北中部及び中部沿岸地域	90	
1.4.169	TRẦN CẨM TÚ （TRAN CAM TU）	チャン カム トゥ	ハーティン省	北中部及び中部沿岸地域	100	
1.4.174	LÊ QUANG TÙNG （LE QUANG TUNG）	レ クアン トゥン	ハーティン省	北中部及び中部沿岸地域	103, 121	新任
1.4.035	HỒ QUỐC DŨNG （HO QUOC DUNG）	ホー クオック ズン	ビンディン省	北中部及び中部沿岸地域	36	
1.4.049	NGÔ ĐÔNG HẢI （NGO DONG HAI）	ゴ ドン ハイ	ビンディン省	北中部及び中部沿岸地域	43	新任
1.4.097	PHẠM HOÀI NAM （PHAM HOAI NAM）	ファム ホアイ ナム	ビンディン省	北中部及び中部沿岸地域	66	
1.4.188	NGUYỄN VĂN HIẾU （NGUYEN VAN HIEU）	グエン ヴァン ヒエウ	ビンディン省	北中部及び中部沿岸地域	109	
1.4.177	HUỲNH TẤN VIỆT （HUYNH TAN VIET）	フイン タン ヴィエト	フーイエン省	北中部及び中部沿岸地域	104	免職
1.4.192	NGUYỄN PHI LONG （NGUYEN PHI LONG）	グエン フィ ロン	イエンバイ省	北部山岳丘陵地域	111	
1.4.198	MÙA A VÀNG （MUA A VANG）	ムア ア ヴァン	ディエンビエン省	北部山岳丘陵地域	114	
1.3.009	NGUYỄN DUY NGỌC（NGUYEN DUY NGOC）	**グエン ズイ ゴック**	トゥエンクアン省	北部山岳丘陵地域	18	新任
1.4.012	ĐỖ VĂN CHIẾN （DO VAN CHIEN）	ドー ヴァン チエン	トゥエンクアン省	北部山岳丘陵地域	25	
1.4.075	CHÂU VĂN LÂM （CHAU VAN LAM）	チャウ ヴァン ラム	トゥエンクアン省	北部山岳丘陵地域	56	解任
1.4.014	HOÀNG DUY CHINH （HOANG DUY CHINH）	ホアン ズイ チン	バクカン省	北部山岳丘陵地域	26	
1.4.137	DƯƠNG VĂN THÁI （DUONG VAN THAI）	ズオン ヴァン タイ	バクザン省	北部山岳丘陵地域	85	除名
1.4.005	NGUYỄN THÚY ANH （NGUYEN THUY ANH）	グエン トゥイ アイン	フートー省	北部山岳丘陵地域	22, 124	
1.4.010	BÙI MINH CHÂU （BUI MINH CHAU）	ブイ ミン チャウ	フートー省	北部山岳丘陵地域	24	
1.4.019	LƯƠNG CƯỜNG （LUONG CUONG）	ルオン クオン	フートー省	北部山岳丘陵地域	29, 117	新任
1.4.032	NGUYỄN HỮU ĐÔNG （NGUYEN HUU DONG）	グエン フウ ドン	フートー省	北部山岳丘陵地域	35	新任
1.4.157	LÊ ĐỨC THỌ （LE DUC THO）	レ ドゥック トー	フートー省	北部山岳丘陵地域	94	解任
1.4.186	NGUYỄN LONG HẢI （NGUYEN LONG HAI）	グエン ロン ハイ	フートー省	北部山岳丘陵地域	108	
1.4.100	HÀ THỊ NGA （HA THI NGA）	ハー ティ ガ	ホアビン省	北部山岳丘陵地域	67	新任
1.4.096	GIÀNG PÁO MỶ （GIANG PAO MY）	ザン パオ ミー	ライチャウ省	北部山岳丘陵地域	65	
1.4.079	HẦU A LỀNH （HAU A LENH）	ハウ ア レン	ラオカイ省	北部山岳丘陵地域	58, 142	
1.4.180	VÕ THỊ ÁNH XUÂN （VO THI ANH XUAN）	ボ ティ アイン スアン	アンザン省	メコンデルタ	105, 117	
1.2.006	PHAN ĐÌNH TRẠC（PHAN DINH TRAC）	ファン ディン チャック	ヴィンロン省	メコンデルタ	8	
1.3.002	TRẦN CẨM TÚ （TRAN CAM TU）	チャン カム トゥ	ヴィンロン省	メコンデルタ	14	
1.4.105	BÙI VĂN NGHIÊM （BUI VAN NGHIEM）	ブイ ヴァン ギエム	ヴィンロン省	メコンデルタ	70	
1.4.130	TRẦN VĂN RÓN （TRAN VAM RON）	チャン ヴァン ロン	ヴィンロン省	メコンデルタ	81	
1.4.158	VÕ VĂN THƯỞNG （VO VAN THUONG）	ボー ヴァン トゥオン	ヴィンロン省	メコンデルタ	95	解任
1.4.007	ĐỖ THANH BÌNH （DO THANH BINH）	ドー タイン ビン	カーマウ省	メコンデルタ	23	
1.4.008	DƯƠNG THANH BÌNH （DUONG THANH BINH）	ズオン タイン ビン	カーマウ省	メコンデルタ	23, 127	
1.4.052	NGUYỄN TIẾN HẢI （NGUYEN TIEN HAI）	グエン ティエン ハイ	カーマウ省	メコンデルタ	45	
1.4.102	NGUYỄN THANH NGHỊ （NGUYEN THANH NGHI）	グエン タイン ギー	カーマウ省	メコンデルタ	68, 136	
1.4.161	LÊ TẤN TỚI （LE TAN TOI）	レ タン トイ	カーマウ省	メコンデルタ	96, 126	

1.4.199	HUỲNH QUỐC VIỆT （HUYNH QUOC VIET)	フイン クオック ヴィエット	カーマウ省	メコンデルタ	114	
1.4.123	LÊ HỒNG QUANG （LE HONG QUANG)	レ ホン クアン	キエンザン省	メコンデルタ	78	
1.4.088	LÂM VĂN MẪN （LAM VAN MAN)	ラン ヴァン マン	ソクチャン省	メコンデルタ	62	
1.4.183	VÕ CHÍ CÔNG （VO CHI CONG)	ボー チー コン	ソクチャン省	メコンデルタ	107	
1.4.020	NGÔ CHÍ CƯỜNG （NGO CHI CUONG)	ゴ チー クオン	チャーヴィン省	メコンデルタ	29	
1.3.008	LÊ HOÀI TRUNG(LE HOAI TRUNG)	レ ホアイ チュン	ティエンザン省	メコンデルタ	17	
1.4.026	NGUYỄN VĂN DANH （NGUYEN VAN DANH)	グエン ヴァン ザイン	ティエンザン省	メコンデルタ	32	
1.4.104	NGUYỄN TRỌNG NGHĨA （NGUYEN TRONG NGHIA)	グエン チョン ギア	ティエンザン省	メコンデルタ	69	
1.4.055	LÊ MINH HOAN （LE MINH HOAN)	レ ミン ホアン	ドンタップ省	メコンデルタ	46, 137	
1.4.156	NGUYỄN VĂN THỂ （NGUYEN VAN THE)	グエン ヴァン テー	ドンタップ省	メコンデルタ	94	除名
1.2.014	NGUYỄN VĂN NÊN(NGUYEN VAN NEN)	グエン ヴァン ネン	ハウザン省	メコンデルタ	12	
1.4.060	LỮ VĂN HÙNG （LU VAN HUNG)	ル ヴァン フン	ハウザン省	メコンデルタ	49	
1.4.089	TRẦN THANH MẪN （TRAN THANH MAN)	チャン タイン マン	ハウザン省	メコンデルタ	62, 119	新任
1.3.011	LÊ MINH TRÍ(LE MINH TRI)	レ ミン チ	バクリェウ省	メコンデルタ	19	新任
1.4.038	VÕ VĂN DŨNG （VO VAN DUNG)	ボー ヴァン ズン	バクリェウ省	メコンデルタ	38	
1.4.070	LÊ MINH KHÁI （LE MINH KHAI)	レ ミン カイ	バクリェウ省	メコンデルタ	53	解任
1.4.194	PHAN NHƯ NGUYÊN （PHAM NHU NGUYEN)	ファン ニュ グエン	バクリェウ省	メコンデルタ	112	
1.4.027	HUỲNH THÀNH ĐẠT （HUYNH THANH DAT)	フイン タイン ダット	ベンチェー省	メコンデルタ	32, 138	
1.4.043	NGUYỄN VĂN GẤU （NGUYEN VAN GAU)	グエン ヴァン ガウ	ベンチェー省	メコンデルタ	40, 137	
1.4.087	PHAN VĂN MÃI （PHAN VAN MAI)	ファン ヴァン マイ	ベンチェー省	メコンデルタ	61	
1.4.116	NGUYỄN THÀNH PHONG （NGUYEN THANH PHONG)	グエン タイン フォン	ベンチェー省	メコンデルタ	75	解任
1.4.141	HUỲNH CHIẾN THẮNG （HUYNH CHIEN THANG)	フイン チエン タン	ベンチェー省	メコンデルタ	86	
1.4.015	MAI VĂN CHÍNH （MAI VAN CHINH)	マイ ヴァン チン	ロンアン省	メコンデルタ	27	新任
1.4.039	NGUYỄN VĂN ĐƯỢC （NGUYEN VAN DUOC)	グエン ヴァン ドゥオック	ロンアン省	メコンデルタ	38	
1.4.080	NGUYỄN HỒNG LĨNH （NGUYEN HONG LINH)	グエン ホン リン	ロンアン省	メコンデルタ	58	

氏名（アイウエオ順）

	名前（越・英）	名前（カタカナ）	生年	役職	ページ
1.4.195	Y VINH TOR （Y VINH TOR）	イ ヴィン トル	1976	党中央候補委員、副大臣、民族委員会副会長	112
1.4.069	Y THANH HÀ NIÊ KĐĂM （Y THANH HA NIE KDAM）	イ タイン ハー ニエ クダム	1973	党中央委員、国会民族委員長	53, 128
1.4.025	VŨ ĐỨC ĐAM （VU DUC DAM）	ヴ ドゥック ダム	1963		32
1.4.189	U HUÂN （U HUAN）	ウ フアン	1980	党中央候補委員、コントゥム省党委副書記	109
1.4.197	VƯƠNG QUỐC TUẤN （VUONG QUOC TUAN）	ヴォン クオック トゥアン	1977	党中央候補委員、バクニン省党委副書記兼バクニン省人民委員会会長	113
1.4.058	VƯƠNG ĐÌNH HUỆ （VUONG DINH HUE）	ヴオン ディン フエ	1957		48
1.4.155	NGHIÊM XUÂN THÀNH （NGHIEM XUAN THANH）	ギエム スアン タイン	1969	党中央委員、カインホア省党委書記	93
1.4.171	NGUYỄN ANH TUẤN （NGUYEN ANH TUAN）	グエン アイン トゥアン	1979	党中央委員、バクニン省党委書記	101
1.4.043	NGUYỄN VĂN GẦU （NGUYEN VAN GAU）	グエン ヴァン ガウ	1967	党中央委員、バクザン省党委書記	40, 137
1.4.127	NGUYỄN VĂN QUẢNG （NGUYEN VAN QUANG）	グエン ヴァン クアン	1969	党中央委員、ダナン市党委書記	80
1.4.026	NGUYỄN VĂN DANH （NGUYEN VAN DANH）	グエン ヴァン ザイン	1962	党中央委員、ティエンザン省党委書記	32
1.4.143	NGUYỄN VĂN THẮNG （NGUYEN VAN THANG）	グエン ヴァン タン	1973	党中央委員、財政省大臣	87, 134
1.4.156	NGUYỄN VĂN THỂ （NGUYEN VAN THE）	グエン ヴァン テー	1966	党中央委員を除名	94
1.4.039	NGUYỄN VĂN ĐƯỢC （NGUYEN VAN DUOC）	グエン ヴァン ドゥオック	1968	党中央委員、ロンアン省党委書記兼同省人民評議会議長	38
1.2.014	NGUYỄN VĂN NÊN（NGUYEN VAN NEN）	グエン ヴァン ネン	1957	政治局員、ホーチミン市党委書記	12
1.4.099	NGUYỄN VĂN NÊN （NGUYEN VAN NEN）	グエン ヴァン ネン	1957	政治局員、ホーチミン市党委書記	67
1.4.188	NGUYỄN VĂN HIẾU （NGUYEN VAN HIEU）	グエン ヴァン ヒエウ	1976	党中央候補委員、カントー市党委書記	109
1.4.053	NGUYỄN VĂN HIỀN （NGUYEN VAN HIEN）	グエン ヴァン ヒエン	1967	党中央委員、少将、人民防空・空軍司令官	45
1.4.062	NGUYỄN VĂN HÙNG （NGUYEN VAN HUNG）	グエン ヴァン フン	1964	逝去	50
1.4.063	NGUYỄN VĂN HÙNG （NGUYEN VAN HUNG）	グエン ヴァン フン	1961	党中央委員、文化スポーツ観光省大臣	50, 138
1.4.081	NGUYỄN VĂN LỢI （NGUYEN VAN LOI）	グエン ヴァン ロイ	1961	党中央委員、ビンズン省党委書記	59
1.4.029	NGUYỄN KHẮC ĐỊNH （NGUYEN KHAC DINH）	グエン カック ディン	1964	党中央委員、国会副議長	33, 120
1.4.133	NGUYỄN KIM SƠN （NGUYEN KIM SON）	グエン キム ソン	1966	党中央委員、教育訓練省大臣	83, 140
1.4.108	NGUYỄN QUANG NGỌC （NGUYEN QUANG NGOC）	グエン クアン ゴック	1968	党中央委員、中将、第3軍管区司令官	71
1.4.040	NGUYỄN QUANG DƯƠNG （NGUYEN QUANG DUONG）	グエン クアン ズオン	1962	党中央委員、中央組織委員会副委員長	39
1.4.031	NGUYỄN QUỐC ĐOÀN （NGUYEN QUOC DOAN）	グエン クオック ドアン	1975	党中央委員、最高人民裁判所判事	34
1.4.074	NGUYỄN XUÂN KÝ （NGUYEN XUAN KY）	グエン スアン キ	1972	クアンニン省党委書記解任	55
1.2.013	NGUYỄN XUÂN THẮNG（NGUYEN XUAN THANG）	グエン スアン タン	1957	政治局員、中央理論評議会会長、ホーチミン国家政治学院院長	12
1.4.144	NGUYỄN XUÂN THẮNG （NGUYEN XUAN THANG）	グエン スアン タン	1957	政治局員、ホーチミン国家政治学院院長、中央理論評議会会長	88
1.4.117	NGUYỄN XUÂN PHÚC （NGUYEN XUAN PHUC）	グエン スアン フック	1954		75
1.3.009	NGUYỄN DUY NGỌC（NGUYEN DUY NGOC）	グエン ズイ ゴック	1964	書記局員、党中央事務局局長	18
1.4.107	NGUYỄN DUY NGỌC （NGUYEN DUY NGOC）	グエン ズイ ゴック	1964	書記局員、党中央事務局局長	71
1.4.003	NGUYỄN DOÃN ANH （NGUYEN DOAN ANH）	グエン ゾアン アイン	1967	党中央委員、タインホア省党委書記	21
1.4.102	NGUYỄN THANH NGHỊ （NGUYEN THANH NGHI）	グエン タイン ギー	1976	党中央委員、建設省大臣	68, 136
1.4.136	NGUYỄN THÀNH TÂM （NGUYEN THANH TAM）	グエン タイン タム	1974	党中央委員、タイニン省党委書記兼同省人民評議会議長	84
1.4.051	NGUYỄN THANH HẢI （NGUYEN THANH HAI）	グエン タイン ハイ	1970	党中央委員、国会常任委員会委員、国会代表活動委員会委員長兼党中央組織委員会副委員長	44, 126
1.4.116	NGUYỄN THÀNH PHONG （NGUYEN THANH PHONG）	グエン タイン フォン	1962		75
1.4.083	NGUYỄN THANH LONG （NGUYEN THANH LONG）	グエン タイン ロン	1966	2022年6月に除名	60

1.4.178	NGUYỄN ĐẮC VINH （NGUYEN DAC VINH）	グエン ダック ヴィン	1972	党中央委員、国会文化教育委員会委員長	104, 123
1.4.017	NGUYỄN TÂN CƯƠNG （NGUYEN TAN CUONG）	グエン タン クオン	1966	党中央委員、人民軍総参謀長	28
1.4.037	NGUYỄN CHÍ DŨNG （NGUYEN CHI DUNG）	グエン チー ズン	1960	党中央委員、計画投資省大臣	37, 136
1.4.142	NGUYỄN TRƯỜNG THẮNG （NGUYEN TRUONG THANG）	グエン チュオン タン	1970	党中央委員、中将、第7軍管区司令官	87
1.2.008	NGUYỄN TRỌNG NGHĨA （NGUYEN TRONG NGHIA）	グエン チョン ギア	1962	政治局員、書記局員、中央宣伝教育委員会委員長	9
1.3.006	NGUYỄN TRỌNG NGHĨA （NGUYEN TRONG NGHIA）	グエン チョン ギア	1962	政治局員、書記局員、中央宣伝教育委員会委員長	16
1.4.104	NGUYỄN TRỌNG NGHĨA （NGUYEN TRONG NGHIA）	グエン チョン ギア	1962	政治局員、書記局員、中央宣伝教育委員会委員長	69
1.4.150	NGUYỄN THỊ THANH （NGUYEN THI THANH）	グエン ティ タイン	1967	党中央委員、国会副議長	91, 121
1.4.045	NGUYỄN THỊ THU HÀ （NGUYEN THI THU HA）	グエン ティ トゥ ハー	1970	党中央委員、ベトナム祖国戦線中央委員会副委員長兼総書記	41
1.4.175	NGUYỄN THỊ TUYẾN （NGUYEN THI TUYEN）	グエン ティ トゥエン	1971	**党中央委員、ベトナム女性連合会会長**	103
1.4.056	NGUYỄN THỊ HỒNG （NGUYEN THI HONG）	グエン ティ ホン	1968	党中央委員、国家銀行総裁	47, 141
1.4.052	NGUYỄN TIẾN HẢI （NGUYEN TIEN HAI）	グエン ティエン ハイ	1965	党中央委員、カーマウ省党委書記兼同省人民評議会議長	45
1.4.071	NGUYỄN ĐÌNH KHANG （NGUYEN DINH KHANG）	グエン ディン カン	1967	党中央委員、労働総連盟会長	54
1.4.168	NGUYỄN ĐÌNH TRUNG （NGUYEN DINH TRUNG）	グエン ディン チュン	1973	**党中央委員、ダクラク省党委書記**	100
1.4.005	NGUYỄN THÚY ANH （NGUYEN THUY ANH）	グエン トゥイ アイン	1963	党中央委員、国会社会問題委員会委員長	22, 124
1.4.149	NGUYỄN ĐỨC THANH （NGUYEN DUC THANH）	グエン ドック タイン	1962	**党中央委員、ニントゥアン省党委書記**	90
1.4.050	NGUYỄN ĐỨC HẢI （NGUYEN DUC HAI）	グエン ドック ハイ	1961	党中央委員、国会副議長	44, 119
1.4.111	NGUYỄN HẢI NINH （NGUYEN HAI NINH）	グエン ハイ ニン	1976	党中央委員、司法省大臣	73, 133
1.4.192	NGUYỄN PHI LONG （NGUYEN PHI LONG）	グエン フィ ロン	1978	**党中央候補委員、ホアビン省党委書記**	111
1.4.103	NGUYỄN HỮU NGHĨA （NGUYEN HUU NGHIA）	グエン フウ ギア	1972	党中央委員、フンイエン省人民委員会委員長	69
1.4.022	NGUYỄN PHÚ CƯỜNG （NGUYEN PHU CUONG）	グエン フー クオン	1967		30
1.4.166	NGUYỄN PHÚ TRỌNG （NGUYEN PHU TRONG）	グエン フー チョン	1944		99
1.4.032	NGUYỄN HỮU ĐÔNG （NGUYEN HUU DONG）	グエン フウ ドン	1972	党中央委員、中央内政委員会副委員長	35
1.2.012	NGUYỄN HÒA BÌNH （NGUYEN HOA BINH）	グエン ホア ビン	1958	政治局員、書記局員、ベトナム社会主義共和国常任副首相	11, 129
1.3.005	NGUYỄN HÒA BÌNH （NGUYEN HOA BINH）	グエン ホア ビン	1958	**政治局員、書記局員、ベトナム社会主義共和国常任副首相(新任)**	16, 129
1.4.009	NGUYỄN HÒA BÌNH （NGUYEN HOA BINH）	グエン ホア ビン	1958	政治局員、書記局員、ベトナム社会主義共和国常任副首相	24, 129
1.4.181	NGUYỄN HOÀI ANH （NGUYEN HOAI ANH）	グエン ホアイ アイン	1977	党中央候補委員、ビントゥアン省党委書記兼同省人民評議会議長	106
1.4.004	NGUYỄN HOÀNG ANH （NGUYEN HOANG ANH）	グエン ホアン アイン	1963	党中央委員、企業の国家資本管理委員会会長	21
1.4.028	NGUYỄN HỒNG DIÊN （NGUYEN HONG DIEN）	グエン ホン ジエン	1965	党中央委員、商工省大臣	33, 135
1.4.139	NGUYỄN HỒNG THÁI （NGUYEN HONG THAI）	グエン ホン タイ	1969	党中央委員、中将、第1軍管区司令官	86
1.4.080	NGUYỄN HỒNG LĨNH （NGUYEN HONG LINH）	グエン ホン リン	1964	党中央委員、ドンナイ省人民委員会委員長	58
1.4.021	NGUYỄN MẠNH CƯỜNG （NGUYEN MANH CUONG）	グエン マイン クオン	1973	党中央委員、中央対外委員会副会長	30
1.4.061	NGUYỄN MẠNH HÙNG （NGUYEN MANH HUNG）	グエン マイン フン	1962	党中央委員、情報通信省大臣	49, 139
1.4.200	NGUYỄN MINH VŨ （NGUYEN MINH VU）	グエン ミン ブ	1976	党中央候補委員、外務省常任副大臣	115
1.4.186	NGUYỄN LONG HẢI （NGUYEN LONG HAI）	グエン ロン ハイ	1976	**党中央候補委員、中央企業セクター党書記**	108
1.4.170	NGÔ VĂN TUẤN （NGO VAN TUAN）	ゴ ヴァン トゥアン	1971	**党中央委員、国家会計監査院院長**	101, 127

氏名（アイウエオ順）　157

1.4.020	NGÔ CHÍ CƯỜNG （NGO CHI CUONG）	ゴ チー クオン	1967	党中央委員、チャーヴィン省党委書記	29
1.4.049	NGÔ ĐỒNG HẢI （NGO DONG HAI）	ゴ ドン ハイ	1970	党中央委員、中央宣伝教育委員会副委員長	43
1.4.096	GIÀNG PÁO MỶ （GIANG PAO MY）	ザン パオ ミー	1963	党中央委員、ライチャウ省党委書記兼同省人民評議会議長	65
1.4.068	ĐIỂU K'RÉ （DIEU K'RE）	ジェウ クレ	1968		52
1.4.001	DƯƠNG VĂN AN （DUONG VAN AN）	ズオン ヴァン アン	1971	党中央委員、ヴィンフック省党委書記	20
1.4.137	DƯƠNG VĂN THÁI （DUONG VAN THAI）	ズオン ヴァン タイ	1970		85
1.4.164	DƯƠNG VĂN TRANG （DUONG VAN TRANG）	ズオン ヴァン チャン	1961	党中央委員、コントゥム省党委書記兼同省人民評議会議長	98
1.4.008	DƯƠNG THANH BÌNH （DUONG THANH BINH）	ズオン タイン ビン	1961	党中央委員、国会民願局局長	23, 127
1.4.109	THÁI ĐẠI NGỌC （THAI DAI NGOC）	タイ ダイ ゴック	1966	党中央委員、中将、第5軍管区司令官	72
1.4.128	THÁI THANH QUÝ （THAI THANH QUY）	タイ タイン クイ	1976	党中央委員、中央経済委員会副委員長	80
1.4.033	ĐÀO NGỌC DUNG （DAO NGOC DUNG）	ダオ ゴック ズン	1962	党中央委員、労働傷病兵社会省大臣	35, 139
1.4.077	ĐÀO HỒNG LAN （DAO HONG LAN）	ダオ ホン ラン	1971	党中央委員、保健省大臣	57, 140
1.4.057	ĐOÀN MINH HUẤN （DAO MINH HUAN）	ダオ ミン フアン	1971	党中央委員、ニンビン省党委書記	47
1.4.072	ĐẶNG QUỐC KHÁNH（DANG QUOC KHANH）	ダン クオック カイン	1976	天然資源環境省大臣解任	54
1.4.113	ĐẶNG XUÂN PHONG （DANG XUAN PHONG）	ダン スアン フォン	1972	党中央委員、ラオカイ省党委書記	74
1.4.091	CHÂU VĂN MINH （CHAU VAN MINH）	チャウ ヴァン ミン	1961	党中央委員、科学技術院院長	63
1.4.075	CHÂU VĂN LÂM （CHAU VAN LAM）	チャウ ヴァン ラム	1967	トゥエンクアン省党委書記解任	56
1.4.134	TRẦN VĂN SƠN （TRAN VAN SON）	チャン ヴァン ソン	1961	党中央委員、大臣、政府事務局局長	83, 141
1.4.098	TRẦN VĂN NAM （TRAN VAN NAM）	チャン ヴァン ナム	1963		66
1.4.130	TRẦN VĂN RÓN （TRAN VAM RON）	チャン ヴァン ロン	1961	党中央委員、中央監査委員会常任副委員長	81
1.4.073	TRẦN VIỆT KHOA （TRAN VIET KHOA）	チャン ヴィエト コア	1965	党中央委員、国防学院学長	55
1.2.005	TRẦN CẨM TÚ（TRAN CAM TU）	チャン カム トゥ	1961	**政治局員、書記局常任委員、中央監査委員会委員長**	8
1.3.002	TRẦN CẨM TÚ（TRAN CAM TU）	チャン カム トゥ	1961	**政治局員、書記局常任委員、中央監査委員会委員長**	14
1.4.169	TRẦN CẨM TÚ （TRAN CAM TU）	チャン カム トゥ	1961	**政治局員、書記局常任委員、中央監査委員会委員長**	100
1.4.118	TRẦN QUANG PHƯƠNG （TRAN QUANG PHUONG）	チャン クアン フオン	1961	党中央委員、上将、国会副議長	76, 120
1.4.024	TRẦN QUỐC CƯỜNG （TRAN QUOC CUONG）	チャン クオック クオン	1961	党中央委員、ディエンビエン省党委書記	31
1.4.160	TRẦN QUỐC TỎ （TRAN QUOC TO）	チャン クオック ト	1962	党中央委員、上将、公安省副大臣	96
1.4.152	TRẦN SỸ THANH （TRAN SY THANH）	チャン シ タイン	1971	党中央委員、ハノイ市党委副書記兼同市人民委員会委員長	92
1.4.106	TRẦN THANH NGHIÊM （TRAN THANH NGHIEM）	チャン タイン ギエム	1970	党中央委員、提督、人民海軍司令官	70
1.2.004	TRẦN THANH MẪN（TRAN THANH MAN）	チャン タイン マン	1962	国会議長	7, 119
1.4.089	TRẦN THANH MẪN （TRAN THANH MAN）	チャン タイン マン	1962	政政治局員、国会議長	62, 119
1.4.066	TRẦN TIẾN HƯNG （TRAN TIEN HUNG）	チャン ティエン フン	1976	党中央委員、党中央監査委員会副委員長	51
1.4.006	TRẦN TUẤN ANH （TRAN TUAN ANH）	チャン トゥアン アイン	1964	国会議員を辞任	22
1.4.120	TRẦN ĐỨC QUẬN （TRAN DUC QUAN）	チャン ドゥック クアン	1967		77
1.4.146	TRẦN ĐỨC THẮNG （TRAN DUC THANG）	チャン ドゥック タン	1973	党中央委員、ハイズオン省党委書記	89
1.4.046	TRẦN HỒNG HÀ （TRAN HONG HA）	チャン ホン ハー	1963	党中央委員、副首相	42, 130
1.4.094	TRẦN HỒNG MINH （TRAN HONG MINH）	チャン ホン ミン	1967	党中央委員、交通運輸省大臣	64, 134
1.4.126	TRẦN LƯU QUANG （TRAN LUU QUANG）	チャン ルー クアン	1967	党中央委員、中央経済委員会委員長	79
1.4.002	CHU NGỌC ANH （CHU NGOC ANH）	チュー ゴック アイン	1965		20
1.4.086	TRƯƠNG THỊ MAI （TRUONG THI MAI）	チュオン ティ マイ	1958		61
1.3.010	TRỊNH VĂN QUYẾT（TRINH VAN QUYET）	チン ヴァン クエット	1966	書記局員、上将、ベトナム人民軍政治総局主任	18

1.4.129	TRỊNH VĂN QUYẾT（TRINH VAN QUYET）	チン ヴァン クエット	1966	党中央委員、上将、ベトナム人民軍政治総局主任	81
1.4.190	TRỊNH VIỆT HÙNG（TRINH VIET HUNG）	チン ヴィエット フン	1977	**党中央候補委員、タイグエン省党委書記**	110
1.4.034	ĐINH TIẾN DŨNG（DINH TIEN DUNG）	ディン ティエン ズン	1961		36
1.4.114	ĐOÀN HỒNG PHONG（DOAN HONG PHONG）	ドアン ホン フォン	1963	党中央委員、政府監査委員会委員長	74, 142
1.2.010	ĐỖ VĂN CHIẾN（DO VAN CHIEN）	ドー ヴァン チエン	1962	政治局員、書記局員、ベトナム祖国戦線中央委員会委員長	10
1.3.007	ĐỖ VĂN CHIẾN（DO VAN CHIEN）	ドー ヴァン チエン	1962	政治局員、書記局員、ベトナム祖国戦線中央委員会委員長	17
1.4.012	ĐỖ VĂN CHIẾN（DO VAN CHIEN）	ドー ヴァン チエン	1962	政治局員、書記局員、ベトナム祖国戦線中央委員会委員長	25
1.4.007	ĐỖ THANH BÌNH（DO THANH BINH）	ドー タイン ビン	1967	党中央委員、キエンザン省党委書記	23
1.4.064	ĐỖ TRỌNG HƯNG（DO TRONG HUNG）	ドー チョン フン	1971	党中央委員、中央組織委員会副委員長	50
1.4.135	ĐỖ TIẾN SỸ（DO TIEN SY）	ドー ティエン シ	1965	党中央委員、ベトナムの声放送局社長	84
1.4.042	ĐỖ ĐỨC DUY（DO DUC DUY）	ドー ドゥック ズイ	1970	党中央委員、天然資源環境省大臣	40
1.1.001	TÔ LÂM（TO LAM）	トー ラム	1957	書記長	5
1.2.0011.3.001	TÔ LÂM（TO LAM）	トー ラム	1957	書記長	6, 14
1.4.076	TÔ LÂM（TO LAM）	トー ラム	1957	書記長	56
1.4.187	TÔN NGỌC HẠNH（TON NGOC HANH）	トン ゴック ハイン	1980	**党中央候補委員、ビンフォック省党委書記**	108
1.4.100	HÀ THỊ NGA（HA THI NGA）	ハー ティ ガ	1969	党中央委員、トゥエンクアン省党委書記	67
1.4.079	HÀU A LỀNH（HAU A LENH）	ハウ ア レン	1973	党中央委員、民族委員会委員長	58, 142
1.4.147	VŨ ĐẠI THẮNG（VU DAI THANG）	ブ ダイ タン	1975	党中央委員、クアンニン省党委書記	89
1.4.119	VŨ HẢI QUÂN（VU HAI QUAN）	ブ ハイ クアン	1974	党中央委員、国家大学ホーチミン市校学長	76
1.4.131	VŨ HẢI SẢN（VU HAI SAN）	ブ ハイ サン	1961	党中央委員、上将、国防省副大臣	82
1.4.047	VŨ HẢI HÀ（VU HAI HA）	ブ ハイ ハー	1969	党中央委員、国会対外委員会委員長	42, 122
1.4.153	VŨ HỒNG THANH（VU HONG THANH）	ブ ホン タイン	1962	党中央委員、国会経済委員会委員長	92, 122
1.4.185	VŨ MẠNH HÀ（VU MANH HA）	ブ マイン ハー	1979	**党中央候補委員、ライチャウ省党委副書記**	107
1.4.151	PHẠM VIẾT THANH（PHAM VIET THANH）	ファム ヴィエット タイン	1962	党中央委員、バリアブンタウ省党委書記兼同省人民評議会議長	91
1.4.172	PHẠM GIA TÚC（PHAM GIA TUC）	ファム ザー トゥク	1965	**党中央委員、党中央事務局副局長**	102
1.4.140	PHẠM XUÂN THĂNG（PHAM XUAN THANG）	ファム スアン タン	1966		86
1.4.041	PHẠM ĐẠI DƯƠNG（PHAM DAI DUONG）	ファム ダイ ズオン	1974	党中央委員、フーイエン省党委書記	39
1.4.145	PHẠM TẤT THẮNG（PHAM TAT THANG）	ファム タット タン	1970	**党中央委員、中央大衆工作委員会副委員長**	88
1.4.162	PHẠM THỊ THANH TRÀ（PHAM THI THANH TRA）	ファム ティ タイン チャ	1964	党中央委員会、内務省大臣	97, 135
1.4.093	PHẠM BÌNH MINH（PHAM BINH MINH）	ファム ビン ミン	1959		64
1.4.097	PHẠM HOÀI NAM（PHAM HOAI NAM）	ファム ホアイ ナム	1967	党中央委員、上将、国防省副大臣	66
1.2.003	PHẠM MINH CHÍNH（PHẠM MINH CHÍNH）	ファム ミン チン	1958	首相	7, 129
1.4.016	PHẠM MINH CHÍNH（PHAM MINH CHINH）	ファム ミン チン	1958	政治局員,首相	27, 129
1.2.011	PHAN VĂN GIANG（PHAN VAN GIANG）	ファン ヴァン ザン	1960	政治局員、大将、国防省大臣	11, 132
1.4.044	PHAN VĂN GIANG（PHAN VAN GIANG）	ファン ヴァン ザン	1960	政治局員、国防省大臣	41, 132
1.4.087	PHAN VĂN MÃI（PHAN VAN MAI）	ファン ヴァン マイ	1973	党中央委員、ホーチミン市党委常任副書記兼同市人民委員会会長	61
1.4.023	PHAN VIỆT CƯỜNG（PHAN VIET CUONG）	ファン ヴィエット クオン	1963		31
1.2.006	PHAN ĐÌNH TRẠC（PHAN DINH TRAC）	ファン ディン チャック	1958	政治局員、書記局員、中央内政委員会委員長	8
1.3.003	PHAN ĐÌNH TRẠC（PHAN DINH TRAC）	ファン ディン チャック	1958	政治局員、書記局員、中央内政委員会委員長	15
1.4.163	PHAN ĐÌNH TRẠC（PHAN DINH TRAC）	ファン ディン チャック	1958	**政治局員、書記局員、中央内政委員会委員長**	97

氏名（アイウエオ順）　159

1.4.194	PHAN NHƯ NGUYỆN（PHAM NHU NGUYEN）	ファン ニュ グエン	1976	党中央候補委員、バクリエウ省人民評議会副議長兼同省常務委員会委員	112
1.4.105	BÙI VĂN NGHIÊM（BUI VAN NGHIEM）	ブイ ヴァン ギエム	1966	党中央委員、ヴィンロン省党委書記兼同省人民評議会議長	70
1.4.018	BÙI VĂN CƯỜNG（BUI VAN CUONG）	ブイ ヴァン クオン	1965	党中央委員の職を解任	28
1.4.191	BÙI QUANG HUY（BUI QUANG HUY）	ブイ クアン フイ	1977	**党中央候補委員、ホーチミン共産青年同盟中央委員会第1書記**	110
1.4.132	BÙI THANH SƠN（BUI THANH SON）	ブイ タイン ソン	1962	党中央委員、外務省大臣、副首相	82, 131, 133
1.4.176	BÙI THỊ QUỲNH VÂN（BUI THI QUYNH VAN）	ブイ ティ クイン ヴァン	1974	党中央委員、クアンガイ省党委書記兼同省人民評議会議長	104
1.2.009	BÙI THỊ MINH HOÀI（BUI THI MINH HOAI）	ブイ ティ ミン ホアイ	1965	政治局員、ハノイ市党委員会書記	10
1.4.054	BÙI THỊ MINH HOÀI（BUI THI MINH HOAI）	ブイ ティ ミン ホアイ	1965	政治局員、ハノイ市党委員会書記	46
1.4.184	BÙI THẾ DUY（BUI THE DUY）	ブイ テー ズイ	1978	党中央候補委員、科学技術省副大臣	107
1.4.121	BÙI NHẬT QUANG（BUI NHAT QUANG	ブイ ニャット クアン	1975		77
1.4.010	BÙI MINH CHÂU（BUI MINH CHAU）	ブイ ミン チャウ	1961	党中央委員、フートー省党委書記兼同県人民評議会会長	24
1.4.199	HUỲNH QUỐC VIỆT（HUYNH QUOC VIET）	フイン クオック ヴィエット	1976	**党中央候補委員、バクリエウ省党委常任副書記**	114
1.4.027	HUỲNH THÀNH ĐẠT（HUYNH THANH DAT）	フイン タイン ダット	1962	党中央委員、科学技術省大臣	32, 138
1.4.177	HUỲNH TẤN VIỆT（HUYNH TAN VIET）	フイン タン ヴィエト	1962		104
1.4.141	HUỲNH CHIẾN THẮNG（HUYNH CHIEN THANG）	フイン チエン タン	1965	党中央委員、上将、人民軍副総参謀長	86
1.4.180	VÕ THỊ ÁNH XUÂN（VO THI ANH XUAN）	ボー ティ アイン スアン	1970	党中央委員、国家副主席	105, 117
1.4.013	HOÀNG XUÂN CHIẾN（HOANG XUAN CHIEN）	ホアン スアン チエン	1961	党中央委員、国防省副大臣	26
1.4.014	HOÀNG DUY CHINH（HOANG DUY CHINH）	ホアン ズイ チン	1968	党中央委員、バクカン省党委書記	26
1.4.173	HOÀNG THANH TÙNG（HOANG THANH TUNG）	ホアン タイン トゥン	1966	党中央委員、国会常務委員会委員、国会法律委員会委員長	102, 125
1.4.122	HOÀNG ĐĂNG QUANG（HOANG DANG QUANG）	ホアン ダン クアン	1961	**党中央委員、中央組織委員会副委員長**	77
1.4.036	HOÀNG TRUNG DŨNG（HOANG TRUNG DUNG）	ホアン チュン ズン	1971	党中央委員、ハーティン省党委書記兼同省人民評議会議長	37
1.4.078	HOÀNG THỊ THÚY LAN（HOANG THI THUY LAN）	ホアン ティ トゥイ ラン	1966		57
1.4.038	VÕ VĂN DŨNG（VO VAN DUNG）	ボー ヴァン ズン	1960	党中央委員、中央内政委員会常任副委員長	38
1.4.158	VÕ VĂN THƯỞNG（VO VAN THUONG）	ボー ヴァン トゥオン	1970		95
1.4.110	HỒ VĂN NIÊN（HO VAN NIEN）	ホー ヴァン ニエン	1975	党中央委員、ザーライ省党委書記兼同省人民評議会議長	72
1.4.193	HỒ VĂN MỪNG（HO VAN MUNG）	ホー ヴァン ムン	1977	**党中央候補委員、アンザン省党委副書記**	111
1.4.035	HỒ QUỐC DŨNG（HO QUOC DUNG）	ホー クオック ズン	1966	党中央委員、ビンディン省党委書記兼同省人民評議会議長	36
1.4.183	VÕ CHÍ CÔNG（VO CHI CONG）	ボー チー コン	1979	**党中央候補委員、ソクチャン省党委組織委員会委員長**	107
1.4.112	HỒ ĐỨC PHỚC（HO DUC PHOC）	ホー ドゥック フォク	1963	党中央委員、副首相	73, 131
1.4.084	VÕ MINH LƯƠNG（VO MINH LUONG）	ボー ミン ルオン	1963	党中央委員、上将、国防省副大臣	60
1.4.015	MAI VĂN CHÍNH（MAI VAN CHINH）	マイ ヴァン チン	1961	党中央委員、中央大衆工作委員会委員長	27
1.4.198	MÙA A VÀNG（MUA A VANG）	ムア ア ヴァン	1983	党中央候補委員、ディエンビエン省党委	114
1.4.095	LẠI XUÂN MÔN（LAI XUAN MON）	ライ スアン モン	1963	党中央委員、中央宣伝教育委員会常任副委員長	65
1.4.148	LÂM THỊ PHƯƠNG THANH（LAM THI PHUONG THANH）	ラム ティ フオン タイン	1967	党中央委員、中央党事務局副局長	90
1.4.088	LÂM VĂN MẪN（LAM VAN MAN）	ラン ヴァン マン	1970	党中央委員、ソクチャン省党委書記	62
1.4.060	LỮ VĂN HÙNG（LU VAN HUNG）	ル ヴァン フン	1963	党中央委員、バクリエウ省党委書記兼同省人民評議会議長	49

1.4.196	LƯƠNG NGUYỄN MINH TRIẾT（LUONG NGUYEN MINH TRIET）	ルオン グエン ミン チェット	1976	党中央候補委員、クアンナム省党委書記	113
1.4.030	LƯƠNG QUỐC ĐOÀN（LUONG QUOC DOAN）	ルオン クオック ドアン	1970	党中央委員、農民中央会会長	34
1.2.002	LƯƠNG CƯỜNG（LUONG CUONG）	ルオン クオン	1957	国家主席	6, 117
1.4.019	LƯƠNG CƯỜNG（LUONG CUONG）	ルオン クオン	1957	政治局員、ベトナム社会主義共和国主席	29, 117
1.2.015	LƯƠNG TAM QUANG（LUONG TAM QUANG）	ルオン タム クアン	1965	政治局員、大将、公安省大臣	13, 132
1.4.125	LƯƠNG TAM QUANG（LUONG TAM QUANG）	ルオン タム クアン	1965	党中央委員、大将、公安省大臣	79, 132
1.4.154	LÊ VĂN THÀNH（LE VAN THANH）	レ ヴァン タイン	1962		93
1.4.048	LÊ KHÁNH HẢI（LE KHANH HAI）	レ カイン ハイ	1966	党中央委員、国家主席事務局局長	43
1.4.174	LÊ QUANG TÙNG（LE QUANG TUNG）	レ クアン トゥン	1971	党中央委員、国会常務委員会委員、国会総秘書、国会事務局局長	103, 121
1.4.067	LÊ QUANG HUY（LE QUANG HUY）	レ クアン フイ	1966	党中央委員、国会科学技術環境委員長	52, 123
1.4.090	LÊ QUANG MẠNH（LE QUANG MANH）	レ クアン マイン	1974	党中央委員、国会常務委員会委員、国会財政・予算委員会委員長	63, 125
1.4.115	LÊ QUỐC PHONG（LE QUOC PHONG）	レ クオック フォン	1978	党中央委員、ドンタップ省党委書記	75
1.4.059	LÊ QUỐC HÙNG（LE QUOC HUNG）	レ クオック フン	1966	党中央委員、中将、公安省副大臣	48
1.4.092	LÊ QUỐC MINH（LE QUOC MINH）	レ クオック ミン	1969	党中央委員、ニャンザン紙編集長	64
1.4.124	LÊ NGỌC QUANG（LE NGOC QUANG）	レ ゴック クアン	1974	党中央委員、クアンビン省党委書記	78
1.4.082	LÊ THÀNH LONG（LE THANH LONG）	レ タイン ロン	1963	党中央委員、副首相	59, 130
1.4.161	LÊ TẤN TỚI（LE TAN TOI）	レ タン トイ	1969	党中央委員、少将、国会国防安全保障委員会	96, 126
1.4.085	LÊ TRƯỜNG LƯU（LE TRUONG LUU）	レ チュオン ルー	1963	党中央委員、トゥアティエンフエ省党委書記兼同省人民評議会議長	60
1.4.101	LÊ THỊ NGA（LE THI NGA）	レ ティ ガ	1964	党中央委員、国会司法委員会委員長	68, 124
1.4.159	LÊ THỊ THỦY（LE THI THUY）	レ ティ トゥイ	1964	党中央委員、ハーナム省党委書記兼同省人民評議会議長	95
1.4.011	LÊ TIẾN CHÂU（LE TIEN CHAU）	レ ティエン チャウ	1969	党中央委員、ハイフォン市党委書記	25
1.4.138	LÊ ĐỨC THÁI（LE DUC THAI）	レ ドゥック タイ	1967	党中央委員、中将、中央軍事委員会委員、国境警備隊司令官	85
1.4.157	LÊ ĐỨC THỌ（LE DUC THO）	レ ドゥック トー	1970		94
1.4.182	LÊ HẢI BÌNH（LE HAI BINH）	レ ハイ ビン	1977	党中央候補委員、共産主義雑誌編集長	106
1.4.179	LÊ HUY VỊNH（LE HUY VINH）	レ フイ ヴィン	1961	党中央委員、上将、国防省副大臣	105
1.3.008	LÊ HOÀI TRUNG（LE HOAI TRUNG）	レ ホアイ チュン	1961	書記局員、中央対外委員会会長	17
1.4.167	LÊ HOÀI TRUNG（LE HOAI TRUNG）	レ ホアイ チュン	1961	書記局員、中央対外委員会会長	99
1.4.123	LÊ HỒNG QUANG（LE HONG QUANG）	レ ホン クアン	1968	党中央委員、アンザン省党委書記	78
1.4.070	LÊ MINH KHÁI（LE MINH KHAI）	レ ミン カイ	1964	副首相解任	53
1.3.011	LÊ MINH TRÍ（LE MINH TRI）	レ ミン チ	1960	書記局員、最高人民裁判所長官	19
1.4.165	LÊ MINH TRÍ（LE MINH TRI）	レ ミン チ	1960	書記局員、最高人民裁判所長官	98, 116
1.2.007	LÊ MINH HƯNG（LE MINH HUNG）	レ ミン フン	1970	政治局員、書記局員、中央組織委員会委員長	9
1.3.004	LÊ MINH HƯNG（LE MINH HUNG）	レ ミン フン	1970	政治局員、書記局員、中央組織委員会委員長	15
1.4.065	LÊ MINH HƯNG（LE MINH HUNG）	レ ミン フン	1970	政治局員、書記局員、中央組織委員会委員長	51
1.4.055	LÊ MINH HOAN（LE MINH HOAN）	レ ミン ホアン	1961	党中央委員、農業農村開発省大臣	46, 137

人名及び省名等のカタカナ表記はできる限りベトナム語の発音に近い表記にした。（訳者）

出所
Chuyên trang thông tin Đại hội Đảng 13 - Thông tấn xã Việt Nam (daihoidang.vn)
Viet Nam Government Portal (chinhphu.vn)

訳・監修者

Thao Nguyen（タオ　グエン）
生年　　：1981 年
最終学歴：博士（経済学）
現職：　株式会社 ITM ジャパン　総務・会計

Thao Nguyen（タオ　グエン）訳・監修

改訂 2 版　ベトナム国家最高指導者　2021〜2026

発行	2024 年 12 月
発行者	酒井　洋昌
発行所	ビスタ　ピー・エス
	〒333-0825
	埼玉県川口市赤山１１６８−６
	Tel: 048-229-7726　　　Fax: 050-3481-3197
	http://www.vistaps.com　　　E-mail: vistapssakai@gmail.com
発売元	株式会社　極東書店
	〒101-8672　東京都千代田区神田三崎町 2-7-10　帝都三崎町ビル
	Tel: 03-3265-7532
印刷　：	韓国学術情報㈱

© 　2024 　ビスタ　ピーエス　　　　　　　　　　　　　　　（検印省略）
Printed in Korea　　ISBN 978-4-907379-38-4　　C3031　　　無断転載禁止
価格はカバーに記載されています　　　　　　落丁・乱丁はお取替えいたします